Originalausgabe
© 2017 Dressler Verlag GmbH, Poppenbütteler Chaussee 53, 22397 Hamburg
ellermann im Dressler Verlag · Hamburg
Alle Rechte vorbehalten
Einband und farbige Illustrationen von Lisa Hänsch
Printed 2017
ISBN 978-3-7707-4297-4
www.ellermann.de

Katja Richert

Liest du mir was vor?

Gutenachtgeschichten

Mit Vorleseglücksrad

Bilder von Lisa Hänsch

ellermann im Dressler Verlag GmbH · Hamburg

Inhaltsverzeichnis

So funktioniert das Vorleseglücksrad

Jetzt macht Vorlesen noch mehr Spaß: Mit dem Vorleseglücksrad auf dem Buchcover entscheidet der Zufall, welche Geschichte als Nächstes vorgelesen wird. Einfach den Zeiger anschnipsen, das kleine Bild im Inhaltsverzeichnis suchen und die entsprechende Geschichte vorlesen.

Und für alle, die sich lieber selbst eine Geschichte aussuchen möchten: Schnell den Zeiger auf dem Buchcover auf das Lieblingsbild stellen, dieses im Inhaltsverzeichnis suchen und die Geschichte vorlesen.

Pyjamaparty bei den Feen

Die kleine Fee Lilja flatterte aufgeregt von einer Blume zur anderen. »Du bist leider zu klein«, sagte sie zum Gänseblümchen und streichelte ihm sanft über die Blütenblätter. »Und du bist ein bisschen zu zart«, sagte sie zum Stiefmütterchen. Dann flatterte sie um eine Rose herum. »Hm, du siehst zwar schön aus, aber du bist ein bisschen zu gefährlich mit deinen Dornen.«

»Was machst du denn da?«, wollte Liljas kleiner Bruder Junis wissen. Er schaukelte gerade in der Hängematte, die Papa ihm aus einem Blatt gebaut hatte.

Lilja strich sich eine rote Haarsträhne aus dem Gesicht.

»Gleich kommen doch Violetta, Rosa und Flora zu meiner Pyjamaparty. Und dafür suche ich eine Blume, auf der wir nachher schlafen können.« Sie kicherte. »Ich kann sie ja nicht alle mit in meine Tulpe nehmen!«

»Ach so«, sagte Junis. »Hast du es schon mal dort oben probiert?« Er deutete mit dem Finger in den Himmel, wo sich eine große Sonnenblume hin und her bewegte. »Dass ich darauf nicht selbst gekommen bin!«, meinte Lilja und gab Junis einen Kuss auf die Wange, den er sich blitzschnell wieder abwischte. Lilja flatterte zur Sonnenblume und landete auf dem weichen Inneren der großen Blüte. Sie hüpfte ein paarmal auf und ab. »Perfekt«, rief sie.

»Na, da komme ich ja gerade richtig«, sagte Liljas Mama. Sie stellte einen Korb auf der Sonnenblume ab. »Hier ist ein kleines Picknick für euch.« Nachdem Lilja und ihre Mama alles vorbereitet hatten, kamen auch schon Liljas Freundinnen angeflattert. »Hallo!«, riefen sie und landeten auf der Sonnenblume. Um sie herum wurde es langsam dunkel, und der Mond leuchtete am Himmel.

»Bevor es losgeht, müsst ihr euch aber eure Schlafanzüge anziehen«, sagte Lilja. »Oder eure Nachthemden. Sonst ist es ja keine richtige Pyjamaparty.« Sie strich über ihr dunkelblaues Nachthemd mit den silbernen Sternchen. Flora kicherte und zeigte auf Violetta. »Du siehst ja lustig aus!« Violetta trug einen viel zu großen Schlafanzug, auf dem lauter Regenwürmer abgebildet waren. »Der gehört eigentlich meinem Bruder«, sagte sie. »Meine sind alle in der Wäsche.«

»Mach dir nichts draus«, sagte Rosa und präsentierte ihr Nachthemd, das voller Löcher war. »Wir hatten letzte Nacht Besuch von den Motten.« Die Feen setzten sich auf die Picknickdecke, tranken Waldmeisterschorle und aßen Himbeerpfannkuchen.

»Ich bin so vollgestopft, dass ich keinen Meter mehr fliegen kann«, sagte Violetta und rieb sich den Bauch.

»Nichts da«, rief Lilja und sprang auf. »Wir wollen doch noch einen Nachtflug machen! Schnappt euch eure Glühwürmchen, und los geht's.« Lilja war ganz aufgeregt, denn normalerweise lag sie um diese Uhrzeit schon in der Tulpe und las im Schein ihres Glühwürmchens ein Buch.

»Wir dürfen aber nur über die Wiese fliegen«, erklärte sie. »Im Wald ist es zu gefährlich, hat Mama gesagt.«

»Ich finde die Wiese schon unheimlich genug«, meinte Rosa und war ganz blass im Gesicht.

»Du brauchst keine Angst zu haben«, sagte Violetta. »Komm, nimm meine Hand.«

Lilja flatterte voran. Eigentlich kannte sie auf ihrer Blumenwiese jeden Stängel, doch im Dunkeln sah alles ganz anders aus.

»W-w–was bewegt sich d-d-denn da auf dem B-B-Blatt?«, fragte Rosa mit zitternder Stimme.

Lilja lachte. »Das ist Knut, die alte Grille«, rief sie. »Er zirpt jede Nacht ein Lied für uns. Damit wir besser einschlafen können.«

»Und da drüben?«, wollte Violetta wissen.

»Ach, das sind die verliebten Marienkäfer. Die sitzen jeden Abend Arm in Arm in Arm in Arm in Arm in Arm und gucken in die Sterne.«

Die Feen flogen weiter und hatten den Wald schon fast erreicht.

»K-k-k-können wir j-j-jetzt endlich umdrehen?«, fragte Rosa ängstlich.

»Noch ein kleines Stück«, sagte Lilja. »Vielleicht sehen wir ja ein Tier im Wald. Ein Reh oder ein Eichhörnchen – das wäre doch spannend, findet ihr nicht?«

Die großen, dunklen Bäume kamen immer näher. Lilja hatte eine richtige Gänsehaut.

»Uahhhh«, brüllte es plötzlich von der Seite, und etwas Weißes schwebte drohend auf die Feenmädchen zu.

»Hilfe!«, kreischte Flora.

»Ein Gespenst!«, schrie Violetta.

Mutig hielt Lilja dem weißen Etwas ihr Glühwürmchen entgegen. Es sah wirklich aus wie ein Gespenst. War das vielleicht aus dem Wald gekommen? »Bitte tu uns nichts«, rief Lilja. »Wir fliegen nur ein bisschen in der Gegend herum.«

Plötzlich fing das Gespenst an zu kichern.

Und die Stimme kam Lilja ziemlich bekannt vor.

»Junis!«, schimpfte sie. »Was fällt dir ein, uns einen solchen Schrecken ein-
zujagen!«
Sie flatterte zum kichernden Gespenst und zog ihm das weiße Tuch herunter. Und tatsächlich kam ihr kleiner frecher Bruder zum Vorschein.

13

»Ein bisschen gruseln soll man sich doch bei einem Nachtflug, oder nicht?«, fragte er grinsend.

»Das war ganz schön gemein von dir«, sagte Flora.

Jetzt kamen auch Liljas und Junis' Eltern angeflogen. »Was ist denn das für ein Geschrei?«, schimpfte Mama. »Ihr weckt ja die ganze Nachbarschaft auf.«

Junis ließ die Flügel hängen. »Entschuldigung«, murmelte er.

Doch Lilja hatte eine Idee. »Ich weiß, wie du das wiedergutmachen kannst«, sagte sie. »Du bringst uns morgen ein superleckeres Frühstück auf die Sonnenblume. Mit Honiglutschern und Erdbeerspießchen. Einverstanden?«

»Na gut«, sagte Junis.

Dann flatterten die Feen zurück auf die Sonnenblume, kuschelten sich ganz eng zusammen und schliefen glücklich ein.

Gute Nacht, Oma und Opa!

Vincent saß hinten im Auto und konnte es kaum erwarten, bis sie endlich da waren. Mama und Papa wollten heute nämlich ins Theater, und deshalb schlief er mit seiner Schwester Marlene bei Oma und Opa.

»Das wird toll!«, rief Vincent. »Opa hat mir versprochen, dass wir zusammen Fußball gucken.«

»Fußball ist blöd«, sagte Marlene missmutig. »Ich will nicht bei Oma und Opa schlafen. Ich will bei Mama bleiben.«

»Marlenchen«, sagte Mama. »Das geht aber nicht. Papa und ich möchten auch mal einen Abend zu zweit verbringen.« Sie deutete aus dem Fenster. »Schau mal, da vorne! Oma und Opa warten schon auf euch.«

Vincent winkte wie wild, und Opa winkte zurück. Als Papa anhielt, schnallte Vincent sich ab und stürmte aus dem Auto direkt in Opas Arme. Marlene trottete langsam hinterher.

»Was ist denn los?«, fragte Oma.

»Mama und Papa sollen nicht ins Theater gehen«, sagte Marlene weinerlich. Oma stemmte die Hände in die Hüften. »Aber sehr wohl sollen die beiden das tun!«, rief sie. »Opa und ich haben uns nämlich etwas ganz Tolles ausgedacht. Da können wir keine Eltern gebrauchen.«

Marlene guckte sie verdutzt an. Dann grinste sie. »Was denn?«, wollte sie wissen.

»Das verrate ich erst, wenn die beiden verschwunden sind.«

»Tschüss!«, riefen Vincent und Marlene, und dann gingen sie mit Oma und Opa ins Haus.

Normalerweise hatte Oma immer schon das Abendbrot vorbereitet, aber heute war der Küchentisch leer. Auch der Fernseher war aus, dabei guckte Opa jeden Samstag Fußball.

»Tja, da staunt ihr wohl, was?«, sagte Opa mit einem Schmunzeln.

»Wir dachten uns, dass ihr heute Abend mal unsere Babysitter seid«, erklärte Oma. »Ihr dürft bestimmen, was wir machen, was wir essen und wann wir ins Bett gehen. Einverstanden?«

Vincent nickte aufgeregt. »Also, Opa und ich gucken erst mal Fußball«, sagte er, lief ins Wohnzimmer und schaltete den Fernseher ein.

Er überlegte kurz. »Und dazu essen wir Chips. Ihr habt doch Chips, oder?«

»Na klar«, sagte Opa und holte eine Tüte aus dem Schrank.

»Und zum Abendbrot gibt es Pizza!«, rief Marlene. »Hilfst du mir mit dem Teig, Oma?«

Die beiden verschwanden in der Küche, während Vincent es sich in Opas großem Sessel gemütlich machte. Opa hatte sich auf Omas Sessel ausgestreckt. Sie sahen eine Weile Fußball, doch irgendwann wurde es Vincent zu langweilig. »Was machen wir jetzt?«, fragte er Opa.

»Das musst du sagen«, antwortete Opa. »Du bist doch heute der Babysitter.«

Vincent überlegte. »Okay, dann bauen wir eine Höhle. Und in der Höhle essen wir dann die Pizza.«

Opa stöhnte leise, doch Vincent begann gleich, den Sessel zu verrücken, und schleppte drei Stühle aus dem Esszimmer ins Wohnzimmer. Das war ganz schön anstrengend. »Du kannst schon mal eine Decke holen«, sagte er zu Opa. »Und ein paar Kissen, damit es schön gemütlich ist in der Höhle!«

Als die Höhle fertig war, gingen Vincent und Opa in die Küche.

Auf dem Tisch stand ein riesiges Blech mit dampfender Pizza. »Sieht die nicht lecker aus?«, fragte Marlene. »Mit extra viel Ananas. Und ganz dick Käse. Und den Tisch haben wir auch schon gedeckt.«

»Aber Opa und ich haben eine Höhle gebaut«, entgegnete Vincent. »Da essen wir heute Abendbrot!«

»Also, Karl-Heinz!«, sagte Oma vorwurfsvoll, doch Opa schnitt ihr das Wort ab: »Die Kinder bestimmen heute, was wir machen. Schon vergessen?« Er zwinkerte Vincent zu.

»Eine Höhle!«, rief Marlene begeistert. »Komm, Oma!«

»Meine schönen Kissen«, murmelte Oma leise, trotzdem verteilte sie die Pizza auf die Teller.

In der Höhle war es zwar ein bisschen eng, doch Vincent fand, dass die Pizza hier gleich doppelt so gut schmeckte. »Und was gibt's zum Nachtisch?«, fragte er.

»Schokokekse!«, rief Marlene, kroch aus der Höhle und holte eine Packung aus Omas Vorratskammer. Die Krümel flogen kreuz und quer durch die Höhle und verteilten sich auf dem Teppich.

»Und wer räumt das alles wieder auf?«, erkundigte sich Oma.

»Die Babysitter natürlich«, sagte Opa.

Vincent verschluckte sich beinahe an seinem Keks. Daran hatte er noch gar nicht gedacht. »Müssen wir das wirklich alles aufräumen?«, fragte er. »Wir können doch unordentliche Babysitter sein! Babysitter, die ein richtiges Durcheinander hinterlassen.«

Oma lachte. »Opa und ich helfen euch, einverstanden?«

Zusammen räumten sie erst das Wohnzimmer und dann die Küche auf.

»Puh, Babysitter sein ist ganz schön anstrengend«, sagte Vincent und kuschelte sich zu Oma aufs Sofa. »Liest du uns jetzt was vor?«

»Ich dachte, ihr lest uns was vor«, erwiderte Opa. »Oder denkt euch eine Geschichte aus. Von unordentlichen Babysittern vielleicht.«

»Aber Oma kann das viel besser«, sagte Marlene bettelnd.

»Außerdem waren wir lange genug eure Babysitter«, meinte Vincent. »Jetzt könnt ihr wieder bestimmen.«

»Na dann: Schlafanzüge an und Zähne putzen«, sagte Oma. »Und danach lese ich euch etwas vor.«

Opa ließ sich wieder in seinen Sessel fallen. »Ihr habt das richtig gut gemacht«, sagte er. »So ein Höhlenpicknick veranstalten Oma und ich jetzt vielleicht öfter mal.«

»Also, Karl-Heinz!«, sagte Oma.

Opa lachte. »Natürlich nur, wenn unsere Babysitter zu Besuch sind.«

Zelten im Garten

 Jesper schlich durch das hohe Gras im Garten. Er suchte seinen Freund Ben, der sich irgendwo hinter den Büschen versteckt hatte. Plötzlich hörte er ein Rascheln. »Ben?«, fragte er. »Bist du dahinten?«
Doch es war nur Jespers Henne Berta, die durch den Garten spazierte.
Jesper lachte. »Hilf mir mal suchen, Berta.« Doch Berta gackerte nur einmal und pickte dann einen Regenwurm aus der Erde.
»Piep«, machte es bei den Brombeersträuchern.
»Ha, jetzt hab ich dich«, rief Jesper und rannte zu Ben.
»Ohne mein Piep hättest du mich im Leben nicht

gefunden«, meinte Ben. Er pflückte ein paar Brombeeren und stopfte sie sich in den Mund. »Jetzt bist du wieder dran.«

Genau in diesem Moment kam Jespers Papa in den Garten. »Jungs, es ist schon spät«, sagte er und tippte auf seine Armbanduhr. »Ben muss nach Hause.«

»Ach, Mann«, sagte Jesper. »Wir wollen aber noch Verstecken spielen.«

»Ihr könnt euch doch morgen wieder treffen.«

Da hatte Jesper eine Idee. »Kann Ben nicht hier schlafen? Bitte!«

Papa überlegte kurz. »Warum eigentlich nicht? Ich rufe deine Mutter an, Ben, und frage, ob sie damit einverstanden ist.«

»Juhu«, rief Jesper und stieß Ben in die Seite. »Vielleicht können wir hier im Garten ein Picknick machen!«

»Oder zelten!«, schlug Ben vor.

Als Jespers Mama von der Arbeit kam, stürzten Jesper und Ben gleich auf sie zu. »Mama, Mama, baust du uns das Zelt auf?«, fragte Jesper. »Papa hat's erlaubt und Bens Mama auch.«

Mama lachte. »Na, wenn die beiden das erlaubt haben, kann ich wohl nichts dagegen sagen.«

Jesper half Mama beim Entwirren der Schnüre und Sortieren der Heringe. Ben pumpte die Luftmatratzen auf, und Papa brachte Decken und Kissen aus dem Haus.

»Das ist richtig gemütlich«, stellte Jesper fest, nachdem sie das Zelt fertig eingerichtet hatten. Am Himmel leuchteten schon die ersten Sterne.

»Hier habt ihr Taschenlampen«, sagte Mama.

»Und einen Korb mit Verpflegung«, ergänzte Papa. »Wir lehnen die Terrassentür nur an und lassen das Licht im Wohnzimmer brennen. Wenn was ist, kommt einfach rein.«

»Wir haben aber keine Angst!«, sagte Jesper, obwohl ihm eigentlich schon ein kleines bisschen mulmig zumute war.

»Genau«, pflichtete Ben ihm bei. »Wir sind nämlich echte Abenteurer. Und die haben vor gar nichts Angst.«

»Na, dann bin ich beruhigt«, sagte Papa und wuschelte Jesper durch die Haare. »Schlaft gut, ihr Abenteurer.«

Nachdem Mama und Papa im Haus verschwunden waren, untersuchten Jesper und Ben erst mal den Picknickkorb. Mama hatte zwei Salamibrote eingepackt, kleine Käsehäppchen, Miniwürstchen, Apfelschnitze, Tomaten und für jeden eine kleine Tüte Gummibärchen. Die aßen Jesper und Ben zuerst.

»Echte Abenteurer würden durch den Garten schleichen und sich einen Fisch aus dem Bach angeln. Und dann würden sie ein Feuer machen und ihn braten«, meinte Ben.

Jesper biss in sein Salamibrot. »Ich mag aber keinen Fisch«, sagte er. »Echte Abenteurer müssten wahrscheinlich auch mit einem Bären kämpfen. Die schleichen nämlich ums Zelt herum, weil sie Hunger haben«, sagte Ben. Jesper steckte sich zwei Tomaten in den Mund. »Hier gibt es aber keine Bären!« »Echte Abenteurer erzählen sich vor dem Schlafengehen Gruselgeschichten, um sich gegenseitig zu beweisen, dass sie keine Angst haben«, behauptete Ben.

Jesper räumte alles wieder in den Picknickkorb und stellte ihn vor das Zelt. Dann kroch er in seinen Schlafsack. »Gruselgeschichten sind aber langweilig«, sagte Jesper. »Wir können uns doch eine Quatschgeschichte ausdenken.«

»Meinetwegen«, erwiderte Ben und legte sich ebenfalls hin. »Na los, fang an.«

Normalerweise fielen Jesper immer die lustigsten Sachen ein. Grüne Hühner, die karierte Eier legten. Oder ein fliegendes Nilpferd im Ballettröckchen. Doch heute konnte er nur an eines denken: an einen gefräßigen Bären, der um ihr Zelt schlich. Er wusste natürlich, dass es bei ihnen keine Bären gab, aber was, wenn sich zufällig einer in ihren Garten verirrt hatte? Er lauschte in die Dunkelheit. War da nicht gerade ein verdächtiges Rascheln gewesen? Da, schon wieder! Es klang so, als würde sich jemand am Picknickkorb zu schaffen machen. Jesper zog sich seinen Schlafsack bis zur Nasenspitze.

»Was ist das?«, flüsterte Ben mit zitternder Stimme. »Da ist doch jemand vor dem Zelt! Sollen wir mal nachsehen?«

»Bist du verrückt?«, zischte Jesper. »Was, wenn es ein Bär ist?«

»Du hast doch gesagt, hier gibt es keine Bären!«

Einen Moment lagen sie schweigend nebeneinander.

Das Rascheln wurde immer lauter. »Wir müssen nachsehen, was das ist«, sagte Ben schließlich und setzte sich auf.

Jesper krabbelte aus dem Schlafsack und griff nach der Taschenlampe.

»Wir können es doch erst mal mit Lichtzeichen versuchen. Vielleicht sehen meine Eltern die und kommen zu uns raus.«

»Okay, versuch's«, sagte Ben, und Jesper blinkte wie wild mit der Taschenlampe Richtung Haus. Sein Herz pochte laut. Dieses Abenteuer hier war spannender als jedes Buch!

Das Rascheln hatte plötzlich aufgehört.

»Ich sehe jetzt nach«, sagte Ben mutig. Sein Gesicht war kreideweiß, trotzdem zog er ganz vorsichtig den Reißverschluss des Zelteingangs hoch.

Jesper konnte kaum hinsehen, als Ben seinen Kopf aus dem Zelt streckte.

Doch dann fing Ben laut an zu lachen: »Berta, du verfressenes Huhn!«

Jesper fiel ein riesiger Stein vom Herzen. Er kroch zu Ben und sah, dass Berta sich eine Tomate aus dem Korb stibitzt hatte. »Hast du uns erschreckt«, sagte er und streichelte ihr über das Gefieder.

»Was ist denn da los bei euch?«, rief Papa von der Terrasse. »Braucht ihr Hilfe?«

Jesper sah Ben an, und Ben nickte. »Kennst du dich mit Bären aus?«, fragte Jesper laut.

»Aber hallo!«, sagte Papa und kam über den Rasen.

»Könntest du dann vielleicht mit uns im Zelt schlafen? Nur so, zur Sicherheit?«

»Na klar«, erwiderte Papa. »Und eins kann ich euch versprechen: Ich schnarche so laut, dass sich kein Bär in unsere Nähe traut.«
Papa kroch in das Zelt, quetschte sich in die Mitte, und Jesper kuschelte sich ganz eng an ihn. So etwas taten echte Abenteurer nämlich. Allerdings erzählten sie niemandem davon.

Das Traumreisebüro

Immer wenn Najuma mit ihrer Mutter zum Kindergarten ging, kamen sie an dem kleinen Laden vorbei, in dem bis vor Kurzem noch Frau Sommers Blumengeschäft gewesen war. Frau Sommer hatte Najuma jeden Tag eine Blume geschenkt, mal eine große, mal eine kleine und zum Geburtstag sogar einen Blumentopf, den Najuma sich auf ihre Fensterbank gestellt hatte. Doch Frau Sommer war schon alt, und deshalb hatte sie ihren Laden irgendwann schließen müssen. Seitdem waren die Schaufenster von innen mit Zeitungspapier zugeklebt. Jeden Tag überlegte Najuma, was sich wohl hinter diesem Zeitungspapier verbarg, ob der Laden vielleicht ein geheimer Treffpunkt für Außerirdische geworden war oder ob die herumstreunenden Katzen sich hier zum Kartenspielen trafen.

Als Najuma und ihre Mutter an diesem Tag vom Kindergarten nach Hause gingen, war das Schaufenster nicht mehr zugeklebt. Stattdessen standen ein gemütlicher Sessel und ein Sofa hinter der Glasscheibe, und überall lagen weiche, bunte Kissen herum. »Was steht da, Mama?«, fragte Najuma und deutete auf die blauen Buchstaben.

»Traumreisebüro«, las Mama und trat ganz nah an das Schaufenster heran, um einen Blick in den Laden zu erhaschen. »Komisch, das sieht irgendwie ganz anders aus als die Reisebüros, die ich kenne. Sonst hängen da immer Bilder von Traumstränden und Traumstädten, aber hier …«

»Wir können doch mal reingehen«, schlug Najuma vor.

Mama blickte auf die Uhr. »Warum nicht? Wir haben heute Nachmittag sowieso nichts vor.«

Als sie den Laden betraten, kam eine Frau mit blondem Pferdeschwanz auf sie zu und lächelte. »Herzlich willkommen in unserem Traumreisebüro. Mein Name ist Kamilla. Möchten Sie sich vielleicht setzen? Darf ich Ihnen etwas zu trinken bringen?«

Najuma sah, dass im hinteren Teil des Ladens vier gemütliche Liegen standen. Auf einer lag ein Mann mit Kopfhörern, der zu schlafen schien. Mama ließ sich erschöpft in einen der Sessel vor Kamillas Schreibtisch fallen. Najuma setzte sich daneben.

»Wie kann ich Ihnen helfen?«, fragte Kamilla und sah Mama an. »Sie wirken etwas erschöpft, möchten Sie vielleicht auf eine einsame Insel reisen und sich bei Wellengeplätscher und Vogelgezwitscher entspannen?«

Mama schüttelte den Kopf. »Das würde ich wirklich gerne, aber für Urlaub fehlt mir momentan leider die Zeit. Und das Geld.«

Kamilla lächelte. »Der Urlaub würde nur dreißig Minuten dauern und zehn Euro kosten.«

»Das ist aber billig«, sagte Najuma, und Mama sah Kamilla erstaunt an.
»Wir sind ein Traumreisebüro«, erklärte Kamilla. »Auf unseren Liegen dort hinten kann sich jeder auf eine Traumreise begeben. In Gedanken. Der Entspannungseffekt ist enorm. Wir haben fünfzig verschiedene Traumreiseziele im Angebot.« Ihr Blick wanderte zu Najuma. »Auch für Kinder. Du kannst zum Beispiel zu Frau Holle reisen oder ins Drachenland oder ins Reich der Einhörner.«

Najuma sprang von ihrem Sessel auf. »Ins Land der Einhörner! Bitte, Mama! Komm, wir probieren es aus, ja?« Najuma liebte Einhörner über alles.

Mama lachte. »Na gut, überredet. Dann also einmal die einsame Insel und einmal das Land der Einhörner bitte.«

Kamilla führte sie nach hinten. Während Najuma und Mama es sich auf ihren Liegen gemütlich machten und die Kopfhörer aufsetzten, tippte Kamilla etwas in ihren Computer. »Und jetzt Augen schließen und wohlfühlen«, sagte sie schließlich lächelnd. »Gute Reise.«

Zuerst hörte Najuma leise Musik. Dann ertönte eine sanfte Stimme: »Entspanne dich, und atme tief ein. Und wieder aus. Einatmen. Ausatmen. Einatmen. Ausatmen.« Najuma vergaß alles um sich herum und lauschte nur noch der ruhigen Stimme: »Du bist ganz entspannt und blickst in die Ferne. Du siehst Bäume, die sich sacht im Wind hin und her wiegen. Und jetzt taucht etwas am Horizont auf. Es kommt auf dich zugaloppiert. Ein weißes Einhorn mit silbern schimmernder Mähne. Das Einhorn bleibt vor dir stehen. Du streichelst seine weiche Nase, dann steigst du auf. Auf dem Rücken des Einhorns fühlst du dich ganz leicht und unbeschwert. Zusammen reitet ihr los, es ist ein Gefühl, als würdest du fliegen. Ihr erreicht eine große grüne Wiese, auf der weitere Einhörner stehen. Ihr Fell schimmert in der Sonne. Du steigst von deinem Einhorn ab und streichelst die anderen, fährst mit deinen Fingern durch ihre weichen Mähnen …«

Najuma war gerade richtig schön in die Welt der Einhörner abgetaucht, als sie eine Hand auf ihrer Schulter spürte. Sie öffnete die Augen und stand plötzlich nicht mehr auf der grünen Wiese, sondern lag auf einer Liege im Traumreisebüro. Sie nahm die Kopfhörer ab und sah sich verwundert um.

»Ich war wirklich im Land der Einhörner«, sagte sie glücklich, aber noch etwas benommen. »Ich weiß genau, wie sich ihre Mähne anfühlt.«

»Und ich war auf einer traumhaften Insel mit weißem Sandstrand«, schwärmte Najumas Mutter. »Ich habe die Wärme der Sonne und die Wellen an meinen Füßen gespürt.«

Kamilla lachte. »Herzlich willkommen zurück! Das klingt ja, als hätten Sie beide eine schöne Reise gehabt.«

»Auf jeden Fall«, sagte Najumas Mutter. »Vielen Dank dafür.«

»Können wir bald wieder herkommen?«, fragte Najuma aufgeregt. »Ich möchte mich mal in ein Prinzessinnenschloss träumen.«

Mama nickte. »Hier waren wir bestimmt nicht zum letzten Mal.«

Kamilla zwinkerte Najuma zu. »Vielleicht kannst du ja heute Abend, wenn du dich schlafen legst, noch einmal zu den Einhörnern reisen. Du brauchst dafür nur ein bisschen Vorstellungskraft.«

»Ich werde es versuchen«, sagte Najuma. Normalerweise wollte sie abends nie ins Bett. Aber heute freute sie sich darauf.

Die schrecklich ängstliche Luzie

Die Kirchturmuhr schlug zwölfmal. Mitternacht. Luzie zog sich die Bettdecke über den Kopf und wollte weiterschlafen. Aber ein Vampirmädchen, das um Mitternacht schlief, war kein richtiges Vampirmädchen. Und genau deshalb zog ihr Bruder Theo ihr auch die Bettdecke weg. »Aufstehen!«, rief Theo und ließ seine Vampirzähne aufblitzen. »Deine Freundinnen warten draußen und wollen eine Runde mit dir durch den Park fliegen.«

»Ich habe ganz schlimme Bauchschmerzen«, behauptete Luzie, doch das war gelogen. In Wirklichkeit hatte sie nämlich einfach nur schreckliche Angst vorm Fliegen. Sie ging viel lieber zu Fuß, denn das war weit weniger gefährlich. Beim Fliegen konnte man abstürzen oder mit irgendjemandem zusammenstoßen, den man nicht kommen sah. Aber ein Vampirmädchen, das Angst vorm Fliegen hatte, war kein richtiges Vampirmädchen. Und deshalb dachte sie sich jede Nacht eine neue Ausrede aus, warum sie nicht rauskonnte.

»Ich glaub dir kein Wort«, sagte Theo unbeeindruckt.

»Bitte«, flehte Luzie. »Schick sie wieder weg, ja?«

»Was kriege ich dafür?«, fragte Theo mit einem gemeinen Grinsen.

Luzie überlegte. »Eine Tüte Blutbärchen«, sagte sie schließlich.

»Abgemacht«, erwiderte Theo und flog zur Tür hinaus.

Luzie, Theo und ihre Eltern lebten im Keller eines heruntergekommenen Hauses. Hier gab es nur ein einziges Fenster, das sich genau über Luzies Bett befand. Tagsüber, wenn ihre Eltern und Theo schliefen, wurde die Öffnung mit Decken und Kissen zugestopft, damit sich kein Lichtstrahl nach innen verirrte. Aber wenn die anderen ausgeflogen waren, zog Luzie alle Kissen weg und öffnete das Fenster. Sie liebte es, wenn frische Luft in den muffigen Keller strömte und die Geräusche von draußen an ihr Ohr drangen.

Luzie legte sich wieder ins Bett, zog die Decke bis zur Nasenspitze und beobachtete die Sterne. Es war mucksmäuschenstill draußen. Sie schloss die Augen und war fast wieder eingeschlafen, als sie plötzlich ein Jammern hörte. »Autsch! Hilfe!«, rief eine Stimme, die Luzie nicht kannte.

Sie warf die Bettdecke zurück und sah sich im Keller um. Hatte sich hier irgendjemand versteckt? Hinter der alten Wanduhr vielleicht? Oder unter dem Schuhschrank? Normalerweise verirrte sich niemand in ihr finsteres Kellerverlies …

»Haaaaallooooo!«, rief es wieder. Nein, die Stimme kam nicht aus dem Keller. Sie kam von draußen! Luzie stellte sich auf ihr Bett, um aus dem Fenster zu blicken. Doch da war nichts.

»Ist hier denn niemand?«, fragte die Stimme verzweifelt. Und dann wieder: »Autsch!«

Die Stimme schien aus dem Baum zu kommen, der vor Luzies Fenster stand. Sie kniff die Augen zusammen und sah noch einmal genauer hin. Da war etwas. Oder besser gesagt: jemand. »Hallo?«, fragte Luzie vorsichtig.

»Na endlich«, rief die Stimme erleichtert. »Komm her und hilf mir!«

Luzie warf sich den Vampirumhang über, schlüpfte in ihre Schuhe und stieg aus dem Fenster. Sie blickte an dem großen Baum empor und entdeckte schließlich einen Jungen, der zwischen den Ästen hing.

»Mir ist ein Insekt ins Auge gekommen«, erklärte er. »Deshalb bin ich gegen diesen Baum hier geflogen. Und jetzt hat sich mein Umhang verhakt, und ich komme nicht vom Fleck. Außerdem tut mein Fuß höllisch weh.«

»Und was soll ich jetzt tun?«, fragte Luzie ratlos.

»Hochkommen und mich befreien vielleicht?«, entgegnete der Junge. »Ich heiße übrigens Falk.«

»Das tut mir sehr leid für dich, Falk«, antwortete Luzie. »Aber ich kann dir nicht helfen. Am besten wartest du, bis mein Bruder zurückkommt. Der ist in null Komma nichts oben bei dir im Baum.«

Luzie drehte sich um und wollte

schnell wieder im Keller verschwinden, bevor Falk noch weitere Fragen stellte.

»Du willst mich hier oben hängen lassen?«, rief Falk empört. »Mit einem verletzten Fuß? Findest du das nett?«

Luzie wurde es plötzlich ganz heiß. Sie wusste natürlich, dass sie diesem Jungen helfen musste. Aber der Baum war so hoch, dass sie nicht hinaufklettern konnte. Und fliegen kam für sie nicht infrage.

»Ich … ich fliege nicht so gerne«, gab sie schließlich widerstrebend zu.

»Aber ich kann mal nachsehen, ob ich eine Leiter finde.«

»Das dauert doch viel zu lange«, meinte Falk. Dann überlegte er kurz.

»Kennst du nicht den alten Vampirtrick gegen Flugangst?«

Von einem solchen Trick hatte Luzie noch nie gehört. Sie blickte zweifelnd nach oben.

»Du musst dir in jeden Schuh ein Büschel Gras stecken«, erklärte Falk. »Das ist deine Verbindung zur Erde. Mit Gras im Schuh landet man auf jeden Fall wieder sicher auf dem Boden, wusstest du das etwa nicht?«

»Das funktioniert doch im Leben nicht!«, sagte Luzie und stemmte die Arme in die Hüften. »Ich glaube, du willst mich veräppeln.«

»Bitte«, sagte Falk. »Tu mir den Gefallen und probier es aus. Es ist doch nur eine klitzekleine Strecke, die du fliegen musst. Die Schmerzen in meinem Fuß werden immer schlimmer.«

Luzie überlegte. Ihr Blick wanderte am Baumstamm entlang nach oben und wieder nach unten. Das waren höchstens sieben Meter.

»Na gut«, sagte sie schließlich, rupfte zwei Büschel Gras aus dem Boden und stopfte sie sich in die Schuhe. Dann begann sie zögernd, die Arme auf und ab zu bewegen, und hob ein paar Zentimeter ab.

»Super«, rief Falk von oben. »Das schaffst du!«

Luzies Herz klopfte vor Aufregung. Sie konnte sich nicht erinnern, wann sie das letzte Mal geflogen war, aber dafür klappte es ziemlich gut. Und es fühlte sich gar nicht mal so schlecht an. Sie flog höher und höher, und schon hatte sie den Ast erreicht, an dem Falk festhing.

»Und, war es sehr schlimm?«, wollte er wissen.

»Eigentlich nicht«, sagte Luzie und befreite Falks Umhang aus den Ästen. Sie war richtig stolz auf sich, dass sie so mutig gewesen war.

»Na, dann können wir doch noch ein kleines Stück zusammen fliegen«, schlug Falk vor und rieb sich den Knöchel. »Wie wäre es, wenn du mich zum Vampirologen begleitest? Der muss sich mal meinen Fuß ansehen.«

»Ach, lieber nicht«, sagte Luzie. »Jetzt will ich erst mal sicher wieder auf dem Boden landen.«

»Na gut, dann danke für deine Hilfe«, rief Falk und flatterte los.

Luzie blieb noch einen Moment auf dem Ast sitzen und genoss die Aussicht. Wie anders die Welt von hier oben aussah! Das hatte sie schon ganz vergessen. Vielleicht war Fliegen doch keine so schlechte Sache.

Luzie beschloss, dass sie es zumindest probieren wollte. Ab jetzt würde sie jede Nacht heimlich das Fliegen üben. Und dann konnte sie endlich mit ihren Freundinnen durch den Park sausen. Natürlich immer mit einem Büschel Gras in den Schuhen.

Kapitän Schnarch

Die Piratenflagge der *Wilden Lilly* flatterte im Wind. »Volle Kraft voraus!«, rief Kapitän Rotbart. Piratenjunge Mats stand mit einem Fernrohr an der Reling und hielt Ausschau nach der kleinen Insel Kakaoi, die sie heute noch erreichen wollten. Dort sollte ein großer Schatz vergraben sein.

»Und, Junge, ist die Insel schon in Sicht?«, fragte Rotbart. Mats schüttelte den Kopf.

»Dafür aber etwas anderes«, rief der Lange Johann, der in den Ausguck am Mast geklettert war. »Seht mal dahinten.«

Jetzt erkannte Mats es auch. Ein Piratenschiff kam genau auf sie zu. Und zwar ziemlich schnell.

»Wir sollten die Richtung ändern, wenn wir keinen Streit wollen«, gab der Lange Johann zu bedenken.

Doch Rotbart rieb sich freudig die Hände. »Das ist doch der Schwarze August«, rief er. »Mit dem habe ich noch eine Rechnung offen! Lassen wir es darauf ankommen!«

»Aber …«, begann Mats. »Was ist denn jetzt mit Kakaoi? Und dem Schatz?« Er malte sich schon seit Tagen aus, wie er zusammen mit den anderen Piraten die Insel betreten und nach einer Kiste voll Gold graben würde.

Doch niemand hörte ihm zu. Seine Piraten-freunde hatten sich neben ihm aufgebaut und erwarteten johlend das Aufeinander-treffen mit dem Schwarzen August.

Der ließ nicht lange auf sich warten. »Wer wagt es, Kurs auf Kakaoi zu nehmen?«, brüllte der Piratenkapitän vom anderen Schiff. »Der Schatz dort gehört uns!«

»Pah«, rief Rotbart. »Das könnte dir so passen! Das ist unser Schatz!«

»Das werden wir ja sehen. Seid ihr bereit zum Kämpfen?«

Mats schlotterten die Knie, denn der Schwarze August und seine Männer sahen wirklich sehr gefährlich aus. Am liebsten hätte er sich irgendwo versteckt.

»Das ist doch langweilig«, rief Rotbart.

Mats sah den Kapitän erstaunt an. Kämpfen war langweilig? So etwas hatte er ja noch von keinem Piraten gehört!

»Lass uns lieber um die Wette segeln«, schlug Rotbart stattdessen vor. »Wer zuerst bei der Insel ist, darf den Schatz heben.«

Der Schwarze August lachte. »Wenn du meinst, dass du dabei besser wegkommst – meinetwegen!« Er bückte sich kurz, tauchte wieder auf und holte mit dem Arm weit aus. »Hier ist noch eine kleine Stärkung für dich. Gute Reise!« Eine große Kugel kam in Rotbarts Richtung geflogen.

»Eine Bombe!«, rief der Lange Johann entsetzt. »Alle Mann in Deckung!«

Mats duckte sich unter die Reling, doch Rotbart schien überhaupt keine Angst zu haben. Er streckte seine Hände aus und fing die Kugel auf. Sie zerfiel zu Staub. Rotbart hustete und würgte. »Eine Stinkbombe«, stellte er fest. »Na warte!« Der Schwarze August hatte die Gelegenheit genutzt und mit seinem Schiff bereits Fahrt aufgenommen. »Hinterher!«, brüllte Rotbart, und alle Piraten nahmen ihre Position ein, um die *Wilde Lilly* voranzutreiben.

Mats beobachtete durch das Fernrohr, wie der Abstand zum Schwarzen August immer kleiner wurde. Bald hatten sie ihn eingeholt. Der Wind trieb sie voran, und Rotbart schrie der Besatzung Befehle zu.

Dann bemerkte Mats, dass die *Wilde Lilly* wieder zurückfiel. Und es waren auch keine Befehle des Kapitäns mehr zu hören. Er legte das Fernrohr beiseite und sah sich um. Was war das? Rotbart hing über dem Steuerrad wie ein schlaffer Sack. Mats war sofort

bei ihm und rüttelte ihn an der Schulter. »Kapitän Rotbart!«, sagte er. »Was ist denn los?«

Statt einer Antwort hörte er lautes Schnarchen. Rotbart schlief? Das konnte doch nicht wahr sein!

»Johann, Pitt, helft mir mal«, rief Mats den anderen zu. »Der Kapitän ist eingeschlafen.«

Der Lange Johann knurrte wütend. »Das gibt es doch nicht. Dann war das keine Stinkbombe, die der Schwarze August da geworfen hat, sondern eine Schlafbombe. Das hätten wir eigentlich wissen müssen, schließlich ist der Schwarze August dafür berüchtigt. Und wir Deppen sind schon wieder darauf reingefallen.« Johann schüttelte den Kopf und legte Rotbart zusammen mit Pitt auf die Planken. »Du übernimmst das Steuerrad«, sagte Johann zu Mats. »Kriegst du das hin? Wir kümmern uns um den Rest.«

Mats nickte, und sein Herz begann aufgeregt zu klopfen. Er durfte die *Wilde Lilly* steuern! Hoffentlich schafften sie es, den Schwarzen August wieder einzuholen. Er rief den anderen Piraten ein paar Befehle zu, und schon nahmen sie Fahrt auf.

Bald erkannte Mats eine Insel am Horizont. Das musste Kakaoi sein. Der Schwarze August befand sich immer noch vor ihnen, aber die *Wilde Lilly* folgte ihm dicht im Kielwasser. »Wie kriegen wir Rotbart denn wieder wach?«, fragte Mats den Langen Johann.

»Die Wirkung der Schlafbombe hält nur eine gewisse Zeit an«, erklärte Johann. »Aber vielleicht geht es so schneller.« Er hatte einen Eimer mit Wasser gefüllt, den er Rotbart jetzt über den Kopf goss.

Mats riss die Augen auf. Rotbart würde bestimmt gleich fuchsteufelswild werden. Doch der schnarchte pitschnass und seelenruhig weiter, als wäre nichts geschehen. »Diese Schlafbombe scheint es in sich zu haben. Tja, dann müssen wir wohl warten, bis er von alleine aufwacht.«

Inzwischen war die *Wilde Lilly* gleichauf mit dem Schiff vom Schwarzen August. »Na, wo ist denn euer Kapitän?«, rief der Schwarze August scheinheilig herüber.

»Siehst du doch, der steht hier«, rief Mats stolz.

»Pah«, rief August. »Ein Kind!«

»Hast du eigentlich schon das große Loch in deinem Bug bemerkt? Sieht aus, als wärt ihr auf einen Felsen aufgelaufen. Strömt ganz schön viel Wasser rein.«

»Was?«, rief der Schwarze August panisch, rannte vom Steuerrad zur Reling und beugte sich darüber. »Beim rostigen Piratensäbel, ich kann nichts erkennen!« Dann lief er über das Deck zur Luke, um ins Innere des Schiffes zu gelangen. Dabei vergaß er ganz offensichtlich, dass er ja eigentlich gerade um die Wette segelte.

Das Steuerrad drehte sich von allein, und das Schiff vom Schwarzen August kam vom Kurs ab. Ehe das einer der Piraten bemerkte, war Mats mit der *Wilden Lilly* schon vorbeigezogen.

Kakaoi lag jetzt genau vor ihnen. Der weiße Sandstrand war von Palmen gesäumt, und das Wasser funkelte türkisblau.

»Erster!«, rief Mats, als sie die Insel erreichten. Er blickte sich noch einmal zum Schwarzen August um, der fluchend an der Reling stand. August formte die Hände vor seinem Mund zu einem Trichter. »Du hast mich angelogen!«, schrie er wütend.

Mats kicherte. Dann brüllte er: »Tja, das ist doch ein guter alter Piratentrick, oder nicht? Den kennt jedes Kind!«

Plötzlich hörte Mats ein Husten und Schnaufen neben sich. Rotbart war erwacht. »Warum bin ich denn so nass?«, fragte er verwirrt. »Und warum liege ich hier auf dem Boden?«

Mats half ihm auf und erklärte, was geschehen war. »Das Wettsegeln haben wir gewonnen«, beendete er seine Ausführungen und sah grinsend zum Schwarzen August hinüber.

»Ihr habt mich betrogen!«, tobte der. »Das werdet ihr mir büßen!«

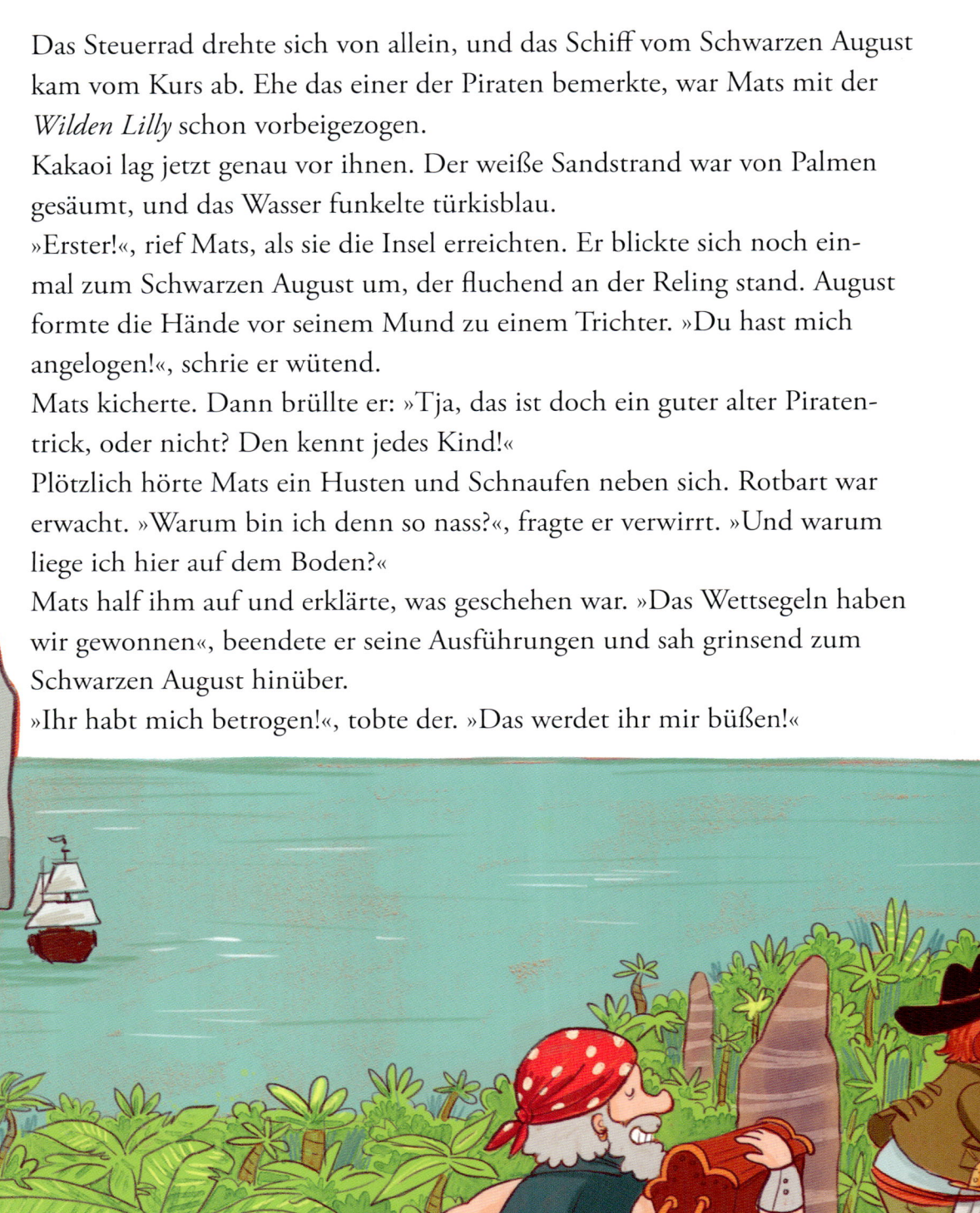

»Ein andermal, August, ein andermal«, rief Rotbart. »Dieser Schatz hier gehört uns.«

Wutschnaubend setzte der Schwarze August sein Schiff wieder in Bewegung. »Man sieht sich immer zweimal im Leben.« Er hob drohend die Faust. »Und der nächste Schatz ist unser.«

»Das werden wir ja sehen«, rief Rotbart fröhlich und winkte. Dann wandte er sich an Mats. »Das hast du toll gemacht, Junge. Du hast unser Schiff sicher zur Insel gesteuert und dabei auch noch den Schwarzen August ausgetrickst.«

Mats wurde ein bisschen rot vor Verlegenheit.

Rotbart legte Mats die Hand auf die Schulter und sagte mit feierlicher Stimme: »Hiermit ernenne ich dich zu Kapitän Mats, dem Ersten. Einen besseren Ersatzkapitän für die *Wilde Lilly* könnte ich mir nicht vorstellen. Nimmst du die Auszeichnung an?«

»Selbstverständlich«, sagte Mats mit einer kleinen Verbeugung.

Rotbart lachte dröhnend. »Na, dann ist ja alles klar.
Und jetzt holen wir uns endlich den Schatz!«

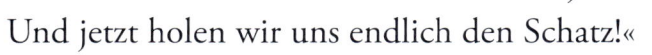

Der goldene Fußball

»Lauf, Henry, lauf!«, rief Mirko, der Trainer, vom Spielfeldrand, und Henry lief, so schnell er konnte. Trotzdem landete der Ball im Aus. Einwurf für die Gegner. Der Junge mit der Nummer vier auf dem Rücken warf, und sein Mitspieler nahm den Ball gekonnt an. Henry versuchte, den Ball zurückzuerobern, doch der andere Junge trickste ihn einfach aus und lief in einem Affenzahn aufs Tor zu.

»Memet, pass auf!«, brüllte Henry seinem Mitspieler zu.

Memet streckte seinen Fuß aus, doch auch den umspielte der andere Junge. Am liebsten hätte Henry sich die Augen zugehalten, denn er ahnte schon, was als Nächstes passierte. Der Junge hatte niemanden mehr vor sich, also schoss er mit voller Wucht aufs Tor. Henry sah, wie Niklas durch die Luft hechtete. Doch der Torwart hatte keine Chance. Der Ball landete in der oberen linken Ecke.

»Mist!« Memet stampfte mit dem Fuß auf, denn das war schon der fünfte Treffer für die gegnerische Mannschaft.

»Na los, Jungs, lasst euch nicht entmutigen«, rief Mirko. »Neuer Angriff, neues Glück!«

Henry war total aus der Puste. Trotzdem holte er sich den Ball und sprintete damit auf das gegnerische Tor zu. Die Zuschauer am Rand jubelten ihm zu. »Los, Henry!«, hörte er Papas Stimme. Henry lief und lief, das Tor kam immer näher. Dann setzte er zum Schuss an – und wurde von einem Gegner umgerannt.

»Foul!«, brüllte Mirko, doch der Schiedsrichter sah das offenbar anders und ließ einfach weiterspielen. Nach ein paar Minuten pfiff er ab. Endstand 5:0.

»Ich versteh das nicht«, sagte Henry niedergeschlagen. »Warum haben wir bloß so ein Pech?«

»Immer nur verlieren, das ist so was von blöd«, schimpfte Memet. »Bald habe ich keine Lust mehr auf Fußball.«

»Jungs, lasst die Köpfe nicht hängen«, versuchte Mirko sie aufzuheitern. »Wir trainieren kräftig weiter und werden von Mal zu Mal besser. Das Wichtigste ist, dass ihr motiviert bleibt! Na los, gebt mir fünf!«

Memet und Henry klatschten halbherzig mit Mirko ab. Henry glaubte nicht daran, dass sie jemals ein Spiel gewinnen würden. Er schlurfte mit

Papa zum Auto. »Also, ich fand, das sah gar nicht so schlecht aus«, meinte Papa. »Ihr habt euch wirklich wacker geschlagen.« Er wuschelte Henry durch die Haare. »Das nächste Mal gewinnt ihr bestimmt!«

Als Henry abends im Bett lag, konnte er kaum einschlafen. Immer wieder musste er an das schlechte Spiel denken und daran, dass sie immer nur verloren. Nicht mal ein Unentschieden hatte seine Mannschaft in den letzten Wochen geschafft.

Irgendwann glitt Henry schließlich doch in den Schlaf. Und im Traum stand er plötzlich wieder auf dem Fußballplatz. Es war allerdings kein gewöhnlicher Platz, sondern ein richtiges Fußballstadion. Alle Plätze waren belegt, und es herrschte eine Wahnsinnsstimmung.

Henry trug sein rotes Trikot mit der Nummer sechs und seine kurze weiße Hose. Und natürlich seine neuen Fußballschuhe. Memet, Niklas und die anderen aus seiner Mannschaft waren auch da und hatten ihre Positionen eingenommen. Als der Schiedsrichter das Spiel anpfiff und Memet Henry den Ball zukickte, begannen die Zuschauer, sie anzufeuern und wie wild zu klatschen. Henry spielte Sami an, doch leider war der Schuss zu hart. Der Ball würde sicher ins Aus fliegen, wie so oft. Doch was war das? Sami hechtete dem Ball hinterher und kriegte ihn noch. Die Zuschauer jubelten. Er spielte zurück zu Henry, der die Kugel gleich an Memet weitergab. Und Memet schlängelte sich wie ein echter Fußballprofi zwischen den Gegenspielern hindurch Richtung Tor. Henry rannte mit etwas Abstand

neben ihm her. »Hier!«, brüllte er, als sich Memet einer der Gegner in den Weg stellte.

Memet gab den Ball ab, und Henry hatte freie Sicht aufs Tor. Jetzt oder nie, dachte er und schoss mit voller Wucht. Der gegnerische Torwart warf sich mit gestreckten Armen in die rechte Ecke, doch da war der Ball schon im Netz gelandet. »Tor, Tor, Tor!«, rief Memet und fiel Henry um den Hals. Die Zuschauer tobten vor Begeisterung. Henry war überglücklich.

»Ihr seid spitze«, rief Mirko. »Weiter so!«
Henrys Mannschaft konnte einen Angriff der Gegner abwehren und erneut nach vorne stürmen. Pass von Sami auf Henry, von Henry auf Memet, Schuss, Tor. Diesmal war Memet der glückliche Torschütze, und alle jubelten.
Henry und seine Mitspieler waren jetzt richtig in Fahrt. Die Gegner wirkten inzwischen schon etwas schlapp. Das nutzten die Jungs aus und schossen noch zwei weitere Tore.
Als der Schiedsrichter abpfiff, kamen der Trainer und die Spieler von der Reservebank auf den Rasen

gestürmt. »Wir haben gewonnen!«, rief Memet und sprang vor Freude auf und ab.

»Juhu!«, schrie Henry und umarmte Sami.

Der Trainer klatschte mit ihnen ab. »Super, Jungs! Kommt mal mit in die Umkleidekabine, ich habe eine Überraschung für euch.«

Henry und die anderen setzten sich auf die Holzbänke und sahen den Trainer erwartungsvoll an. »Wer so toll Fußball spielen kann, braucht auch einen ordentlichen Ball zum Trainieren. Henry, fang auf!«

Der Trainer warf Henry einen Fußball zu. Doch es war kein normaler Fußball, sondern ein goldener!

»Ist der schön«, sagte Henry und fuhr mit der Hand über die glatte Oberfläche.

»Darf ich auch mal, Henry?«, fragte Memet.

»Henry? … Henry!« Memets Stimme klang plötzlich ganz anders. Eher wie … Papa. Henry öffnete die Augen und stellte fest, dass er nicht länger in der Umkleidekabine des Fußballstadions war, sondern in seinem Bett.

»Ich habe gerade so schön geträumt«, maulte Henry. »Und es ist Sonntag. Warum weckst du mich denn schon?«

»Weil ich eine Überraschung für dich habe«, sagte Papa. Er hatte seine Hände hinter dem Rücken versteckt.

»Ich habe noch mal über euer Spiel gestern nachgedacht. Und darüber, was Mirko gesagt hat. Dass ihr eure Motivation nicht verlieren dürft.«

Henry setzte sich auf. Was hatte Papa sich überlegt?

»Vielleicht fällt euch das Gewinnen mit einem neuen Ball ja leichter«, sagte Papa. Langsam streckte er einen Arm nach vorne – nichts.

»Jetzt mach es doch nicht so spannend«, sagte Henry aufgeregt.

Papa streckte – noch langsamer – den anderen Arm nach vorne. Und

präsentierte Henry einen Fußball. Doch es war kein normaler Fußball, sondern ein goldener.

Henry rieb sich die Augen. »D-d-das gibt es doch nicht«, stammelte er.
»Von genau so einem Ball habe ich gerade geträumt.«

Papa lachte. »Na, siehst du. Dann ist das ab jetzt euer Glücksball.«

Das nächste Spiel war in zwei Wochen. Und Henry war sich sicher, dass er
ein Tor schießen würde. So wie in seinem Traum.

Der Prinzessinnen-Ball

Martha und Auguste waren Prinzessinnen, die auf einem richtigen Schloss lebten. Sie liebten es, sich gegenseitig durch die langen Gänge zu jagen, ihre Nasen an den riesigen Fensterscheiben platt zu drücken oder in der Bibliothek Verstecken zu spielen.

Sarah, das Kindermädchen, fand das weniger lustig. »Es gehört sich nicht für Prinzessinnen, laut kreischend durchs Schloss zu laufen«, sagte sie. Oder: »Prinzessinnen haben nicht so zerzauste Haare«, wenn Martha und Auguste mal wieder heimlich durch die Hecke an der Schlossmauer gekrochen waren.

Normalerweise war es Martha und Auguste egal, dass sie Prinzessinnen waren. Doch einmal im Jahr legten sie ganz besonderen Wert darauf. Nämlich immer dann, wenn ihre Eltern eine Einladung zum Mitternachtsball auf Schloss Klunkerstein erhielten. Der Ball wurde jedes Jahr von König Knut ausgerichtet, einem Freund ihrer Eltern. Und obwohl Martha und Auguste schon wussten, dass sie nicht mit auf den Ball durften, bereiteten sie sich immer wieder aufs Neue darauf vor: Sie kämmten sich freiwillig die Haare, zogen sich ihre feinsten Kleider an und gaben sich allergrößte Mühe, sich nicht schmutzig zu machen. Es konnte ja immerhin sein, dass sich die Eltern vielleicht doch umstimmen ließen …

»Dürfen wir dieses Mal mit auf den Ball?«, fragte Martha, während Sarah

ihr die langen blonden Haare zu einem Zopf
flocht.

»Bitte, bitte, bitte«, sagte Auguste
und übte vor dem großen
Spiegel einen Knicks.

»Da müsst ihr eure Eltern
fragen«, antwortete Sarah.
»Ich kann das leider nicht
entscheiden.«

»Kannst du nicht mit
uns hingehen?«, fragte
Auguste. »Heimlich? Wir
wollen nur einmal kurz
durch die Fenster gucken
und den Erwachsenen
beim Tanzen zusehen. Bitte,
Sarah, bitte!«

»Wenn eure Eltern das herausfinden,
bin ich meine Anstellung als Kindermädchen schneller los, als ihr einmal
ums Schloss rennen könnt. Das geht nicht.«

»Na, komm«, sagte Martha zu Auguste. »Wir versuchen es mal bei Papa.
Der kann uns doch normalerweise keinen Wunsch abschlagen.«

Sie setzten sich ihre Kronen auf und gingen zur Bibliothek, wo ihr Vater für
gewöhnlich die Nachmittage verbrachte. Er saß in seinem Ohrensessel und
blätterte in einem Buch.

»Hallo, ihr zwei«, sagte er. »Was habe ich nur für hübsche Töchter! Ihr habt
euch ja richtig fein gemacht!«

Auguste strich sich über ihr grünes Kleid mit den eingewebten Silberfäden.

»Möchtest du deine hübschen Töchter heute nicht mit auf den Ball nehmen?«

Der König lachte. »Ihr wisst doch, dass das nicht geht. Ihr müsst morgen früh in den Königskindergarten und überhaupt … das ist doch viel zu spät.«

»Aber wir wollen nur mal kurz gucken«, bettelte Martha. »Die vielen hübschen Prinzessinnen, die von nah und fern angereist kommen – wann sieht man so etwas schon mal?«

»Ich verstehe euch ja«, erwiderte der König. »Aber es ist nun mal ein Fest für Erwachsene. Da haben Kinder leider nichts zu suchen.«

Martha ließ die Mundwinkel nach unten hängen.

»Seid nicht traurig, meine Täubchen«, sagte der König. »Wenn ihr älter seid, werdet ihr euch wünschen, nicht alle naselang auf einen Ball zu müssen.« Er stand auf und trat an eines der Regale. »Aber hier ist ein schönes Buch über königliche Bälle und Empfänge. Das könnt ihr euch doch nachher mit Sarah ansehen.«

Enttäuscht nahm Auguste das Buch entgegen.

Als sich der König und die Königin am Abend von ihren Töchtern verabschiedet hatten, beobachteten Martha und Auguste von ihrem Fenster aus, wie die beiden mit der Kutsche davonfuhren. »Dann müssen wir uns jetzt wohl den Schlafanzug anziehen und das Buch angucken«, meinte Auguste traurig.

Genau in diesem Augenblick kam Sarah in ihr Zimmer. Sie trug allerdings nicht mehr ihr einfaches Kleid mit der Schürze, sondern ein langes, festliches Gewand. »Nein, das müsst ihr nicht«, sagte sie vergnügt. »Behaltet eure schönen Kleider an und kommt mal mit ins Speisezimmer.«

Auguste sah ihre Schwester fragend an. Martha zuckte nur mit den Schultern. Sie gingen die Treppe nach unten, wo Sarah ihnen die Tür zum Speisezimmer aufhielt. »Ich bitte einzutreten«, verkündete sie feierlich. Zögernd traten Auguste und Martha näher. Im Speisezimmer erklang Musik, und überall standen Kerzenleuchter, die den ganzen Raum in ein warmes Licht tauchten. Der Esstisch war an die Wand geschoben worden, und irgendjemand hatte ein kleines Büfett darauf aufgebaut mit allem, was die Prinzessinnen gerne aßen: Erdbeeren, Melone, Ananas, Käse, Baguette und ein großer Topf Hochzeitssuppe.

»Wir feiern heute unseren eigenen Ball«, verkündete Sarah. Und wie auf Kommando schritten die Köchin Ilse, der Gärtner Corbinian, die Haushälterin Anne und der Pferdewirt Hans mit seinem Sohn Jobst in das Speisezimmer. Niemand trug seine Arbeitskleidung, sondern alle hatten sich chic gemacht.

Augustes Augen begannen zu leuchten. »Das ist ja … das ist ja wunderbar!«

»Wir brauchen keine Prinzessinnen aus nah und fern, um einen Ball zu veranstalten«, sagte Martha lachend und begann, sich wie ein Kreisel durch das Speisezimmer zu drehen, bis ihr schwindelig wurde.

Corbinian forderte Ilse zum Tanz auf, und Hans schnappte sich Sarah.

»Wenn ich bitten dürfte?« Jobst stand vor Auguste und hielt ihr seine Hand hin.

»Aber gerne«, sagte Auguste und ließ sich von ihm über das Parkett führen. Und so tanzten, aßen und lachten sie, dass sie gar nicht bemerkten, wie die Zeit verging. Es war Sarah, die irgendwann in die Hände klatschte. »Es ist schon kurz vor Mitternacht! Der König und die Königin werden sicher bald zurückkehren. Schnell ins Bett mit euch, Kinder! Alle anderen helfen beim Aufräumen.«

Martha und Auguste waren noch nie bis Mitternacht wach gewesen. Sie rannten nach oben, zogen ihre Kleider aus und sprangen in ihre Betten.

»Das war so schön!«, sagte Auguste, als sie das Licht löschte.

»Mir ist immer noch ein bisschen schwindelig vom vielen Tanzen«, sagte Martha. »Unser Ball war bestimmt viel besser als der auf Schloss Klunkerstein.«

»Ganz bestimmt.« Auguste seufzte zufrieden.

Sie hörten, dass im Speisezimmer der Tisch zurückgeschoben wurde und Geschirr klapperte. Türen gingen auf und zu, dann war es still.

Kurz darauf vernahmen die Prinzessinnen die Stimmen ihrer Eltern im Flur. Ob es die Bediensteten noch rechtzeitig in ihre Kammern geschafft hatten? Leise öffnete sich die Tür zum Kinderzimmer. Martha und Auguste kniffen schnell die Augen zu und stellten sich schlafend. »Sieh nur, wie friedlich sie hier liegen«, flüsterte ihr Vater.

»Nächstes Jahr können sie doch vielleicht kurz mitkommen, um sich wenigstens den Ballsaal und die Kleider anzusehen«, sagte die Mutter.

Auguste lächelte. Denn das würde gar nicht nötig sein. Sie würden wieder ihren eigenen Ball feiern.

Monster Momo

»Es ist ganz einfach«, erklärte Zackel, das grüne Monster mit den langen Stielaugen. »Du versteckst dich unter dem Bett und wartest, bis sich das Mädchen schlafen legt. Dann ziehst du an ihrer Bettdecke oder kitzelst sie an den Füßen. Oder du klopfst von unten gegen die Matratze. Und wenn sie dann nachsehen will, wer ihr da einen solchen Streich spielt, rufst du ganz laut Buh.« Zackel rieb sich freudig die Pranken. »Das wird ein Spaß, das verspreche ich dir.«

Das kleine Monster Momo hatte Mühe, sich alles zu merken, was Zackel ihm da erzählte. Heute war sein erster Einsatz als Kinderschreck, und Momo war schon total aufgeregt. Er hatte sein pinkes Fell extra mit Monsterhaargel behandelt, damit er noch ein bisschen gruseliger aussah. Jetzt stand er mit Zackel im Kleiderschrank eines Mädchens namens Annalene und wartete auf einen günstigen Moment, um unter das Bett zu kriechen.

»Also, bist du bereit?«, fragte Zackel.

»Ich bin bereit«, sagte Momo und atmete noch einmal tief durch.

»Na, dann raus mit dir.«

Momo öffnete die Schranktür einen Spaltbreit und überprüfte, ob die Luft rein war. Annalenes Zimmertür stand offen, und Momo hörte, dass sie sich gerade die Zähne putzte. Jetzt aber schnell, dachte Momo und warf sich mit Schwung unter das Bett. Zackel zog die Schranktür von innen wieder zu.

Er wollte noch ein bisschen dort sitzen bleiben und beobachten, wie Momo sich anstellte.

Unter Annalenes Bett war es ziemlich staubig, und Momos schönes Fell war bald voller grauer Flusen. Aber darum würde er sich später kümmern.

»Mama, liest du mir noch etwas vor?«, hörte Momo eine Stimme, die wahrscheinlich dem Mädchen gehörte. Dann sah er, dass zwei nackte Füße ins Zimmer getapst kamen.

»Natürlich«, antwortete eine andere Stimme. Große Füße mit blauen Hausschuhen gingen durch die Tür und traten ans Fenster. Plötzlich ertönte ein lautes, ratterndes Geräusch, und es wurde ganz dunkel – vor diesem Moment hatte Zackel Momo zwar gewarnt, trotzdem gruselte sich das kleine Monster ziemlich. Zum Glück hörte es kurz darauf ein leises Klick, und das Zimmer war in ein warmes, orangefarbenes Licht getaucht.

Annalene hopste ins Bett, und die Mutter machte es sich auf einem dicken Sitzkissen gemütlich. Dann las sie eine Geschichte vor, in der ein kleiner Hase nicht schlafen konnte, weil seine Kuschelmöhre verschwunden war. Die anderen Tiere halfen ihm beim Suchen, und dann kuschelten sich alle aneinander und schliefen ein. Momo wäre auch fast eingeschlafen, so schön war die Geschichte. Wie gerne hätte er jetzt in einem warmen, weichen Bett gelegen!

Doch dann ertönte das Stichwort, das Zackel ihm eingetrichtert hatte. Und das lautete »Gute Nacht«. Denn nach einem »Gute Nacht« gingen die Eltern für gewöhnlich aus dem Zimmer. Dann konnte man in aller Ruhe mit seinen Monsterstreichen loslegen. Momo überlegte, was Zackel ihm erzählt hatte. Doch er war so aufgeregt, dass er alles durcheinanderbrachte. Sollte er an Annalenes Füßen ziehen? Die Matratze kitzeln? Gegen die Bettdecke klopfen? Nein, das hatte Zackel bestimmt nicht vorgeschlagen. Blöd, dass Momo ihn nicht fragen konnte.

Das kleine Monster beschloss, sich erst mal vorsichtig in Richtung Bettkante zu schieben. Vielleicht guckte ja zufällig Annalenes Fuß irgendwo hervor.

Momo setzte sich also in Bewegung – und wirbelte dabei ziemlich viel Staub auf. Dieser Staub flog direkt in seine Nase und –

»Hatschi«, machte Momo.

Hoffentlich hat Annalene das nicht gehört, dachte er, doch genau in diesem

Moment erschien in dem Spalt zwischen Fußboden und Bettkante ein Kopf mit langen Haaren.

»Ahhhhh!«, kreischte Momo. »B-b-bitte tu mir nichts. Ich b-b-bin nur ein kleines, harmloses M-M-Monster!«

Momos Herz klopfte wie verrückt.

Das Mädchen lachte. »Was machst du denn hier?«

»Ich wollte dich erschrecken«, sagte Momo geknickt. »Aber jetzt hast du mich erschreckt!« Er betrachtete sie neugierig. »Hast du denn gar keine Angst vor Monstern? Wenigstens ein kleines bisschen?«

»Ich? Nein!«, erwiderte Annalene. »Ihr seid doch total niedlich und so schön kuschelig mit eurem bunten Fell.«

So etwas hatte Momo ja noch nie gehört. Ob Zackel gleich aus dem Schrank kam und mit ihm schimpfte? Dass irgendein Kind Monster niedlich fand, gefiel ihm bestimmt nicht.

»Ist das nicht schrecklich ungemütlich unter dem Bett?«, fragte Annalene schließlich.

»Schon«, antwortete Momo. »Und kalt ist mir auch.« Dann hatte er plötzlich eine Idee. »Wie wäre es, wenn wir tauschen? Du legst dich unter das Bett, und ich mache es mir da oben gemütlich?
Du darfst mich auch jederzeit er-
schrecken!«

Annalene lachte wieder. »Ich kann
ein bisschen zur Seite rücken,
dann ist hier Platz für zwei.« Sie
streckte Momo die Hand entgegen. »Na, komm, ich wollte
schon immer mal mit einem echten
Monster kuscheln.«

Momo überlegte kurz. Warum eigentlich nicht?

»Na gut«, sagte er schließlich. »Ich wollte auch schon mal mit einem echten Menschen kuscheln.«

Das kleine Monster kroch unter dem Bett hervor, und Annalene half ihm hoch. Dann kuschelte es sich neben sie aufs Kopfkissen, wo ihm sofort die Augen zufielen. Einen schöneren ersten Monstereinsatz hätte er sich nicht wünschen können.

Die Sternschnuppen-Nacht

»Aus dem Weg!«, rief Norma, die kleine Sternschnuppe. »Ich muss noch einen Looping üben!«

Sie sauste an ihren Freunden Vela und Pictor vorbei, die sich gerade auf einer Wolke ausruhten.

»Wenn du so schnell unterwegs bist, sieht dich doch auf der Erde niemand«, gab Pictor zu bedenken. »Wie willst du da mitbekommen, was die Menschen sich wünschen?«

Heute war nämlich die große Sternschnuppen-Nacht.

Von überall her waren die Sternschnuppen gekommen, um kreuz und quer über den Himmel zu fliegen, damit sich möglichst viele Menschen etwas wünschen konnten.

Norma flog einen weiteren Looping.

»Mach dir darüber mal keine Gedanken«, sagte sie. »Ich bin schließlich eine sehr erfahrene Sternschnuppe.«

»Na, dann können wir ja loszischen«, schlug Vela vor. »Seht ihr diese Siedlung da unten? Da stehen Trampoline und Schaukeln in den Gärten. Bestimmt gibt es dort viele Kinder.«

»Kinderwünsche sind die allerbesten!«, rief Pictor begeistert. »Wer zuerst unten ist!«

Die drei Sternschnuppen rasten auf die Siedlung zu und versuchten, so dicht wie möglich an die Häuser heranzukommen. Je näher sie kamen, desto mehr Menschen erkannten sie.

»Ich habe einen Wunsch eingefangen!«, sagte Vela als Erste und flog eine Kurve.

»Ich auch«, verkündete Pictor. »Und was ist mit dir, Norma?«

»Ich kann mich nicht entscheiden«, antwortete die kleine Sternschnuppe. »Hier schwirren so viele tolle Wünsche herum. Ach, ich nehme einfach diesen hier.«

Als die drei wieder Richtung Himmel sausten, kam ihnen eine Gruppe anderer Sternschnuppen entgegen.

»Viel Spaß!«, rief Norma aufgeregt. »Schade, dass nicht jede Nacht Sternschnuppen-Nacht ist!«

Norma, Vela und Pictor landeten auf

einer Wolke und mussten erst mal Luft holen. Ganz schön anstrengend, so ein Schnellflug! »Jetzt versuchen wir, die Wünsche zu erfüllen, die wir gerade eingefangen haben«, sagte Pictor. »Und dann können wir vielleicht noch eine Runde fliegen.«

Vela rutschte ungeduldig auf der Wolke hin und her. »Bei mir hat sich ein Mädchen eine Puppenstube gewünscht«, erzählte sie. »Aber dann hat es den Wunsch seiner besten Freundin verraten.«

»Wie dumm«, warf Norma ein. »Das darf man doch nicht! Dann geht der Wunsch nicht in Erfüllung.«

»Genau«, sagte Vela. »Und deshalb kümmere ich mich jetzt um das Baumhaus, das sich der kleine Junge gewünscht hat. Ich fliege mal in den Wald und schaue, was ich machen kann. Tschüss!« Und damit war Vela verschwunden.

Pictor und Norma sahen ihr hinterher. »Mein Wunsch ist etwas fürs Herz«, sagte Pictor. »Der kleine Nick wünscht sich einen besten Freund.«

Norma sprang auf. »Das gibt es ja nicht!«, rief sie aufgeregt. »Genau denselben Wunsch habe ich auch eingefangen. Also von Cem!«

»Das ist doch genial!« Pictor war begeistert. »Dann können wir zurückfliegen und die beiden miteinander bekannt machen. Hoffentlich stehen sie noch draußen.«

»Worauf warten wir?« Norma sprang mit einem Satz von der Wolke und flog voran.

»Also, Cem ist noch da«, vermeldete sie kurze Zeit später. Ihr Herz hüpfte vor Freude. Sie hatte nämlich schon eine Idee, wie sie die beiden Jungen zusammenführen konnte.

»Nick auch«, sagte Pictor erleichtert.

Norma musste lachen, als sie zu dicht an einem

Baum vorbeiflog und die Zweige ihren Sternschnuppenbauch kitzelten. »Ich schlage vor, wir lassen Sternenstaub regnen«, sagte sie. »Bei jedem Jungen beginnt eine Spur, die zu einem gemeinsamen Endpunkt führt. Und dort treffen sich die zwei.«

»Toll«, rief Pictor. »Ich bin dabei!«

Nachdem sie die Spuren aus Sternenstaub gestreut hatten, setzten sie sich in einen Baumwipfel und beobachteten, was passierte. Und tatsächlich: Sowohl Nick als auch Cem gingen zögernd los. Sie schienen sich beide zu fragen, woher die Spur kam, trotzdem folgten sie ihr.

»Gleich treffen sie sich«, flüsterte Norma.

Als beide Jungen eine hell erleuchtete Bushaltestelle erreichten, stießen sie beinahe zusammen, weil sie ihren Blick auf den Boden geheftet hatten. Dann blickten sie sich verwundert um. Sie deuteten zuerst auf die silberne Spur und dann in den Himmel, und plötzlich fingen sie an zu lachen. Norma konnte nicht verstehen, was die Jungen sagten, aber sie schienen sich gut zu verstehen.

»Hach«, seufzte Norma zufrieden, »wir Sternschnuppen haben einfach den besten Beruf der Welt. Wie sieht es aus, Pictor, fliegen wir noch eine Runde?«

Und damit sausten sie wieder los. Vielleicht gab es ja irgendwo noch den einen oder anderen Wunsch zu erfüllen…

Die Babysitter-Hexe

Julia und ihre Schwester Paula saßen auf dem Sofa und spielten mit ihren Puppen.

»So, ihr zwei, wir müssen gleich los«, sagte Mama. »In einer halben Stunde fängt der Elternabend im Kindergarten an.«

»Warum müsst ihr denn beide dahin?«, fragte Paula.

»Weil dort wichtige Sachen besprochen werden«, erklärte Papa. »Dauert doch auch nicht lange. Und außerdem haben wir eine Babysitterin engagiert.«

Julia legte die Bürste beiseite, mit der sie ihrer Puppe gerade die Haare gekämmt hatte. »Babysitter sind blöd!«

Als es klingelte, war Julia trotzdem die Erste, die in den Flur rannte. Sie riss die Haustür auf und machte große Augen. Denn dort stand keine normale Babysitterin – zumindest keine, wie Julia sie sich vorgestellt hatte. Dort stand eine Frau mit grünen Socken, einem geringelten Pullover, knallroten Haaren und einem spitz zulaufenden schwarzen Hut mit bunten Flicken darauf. Den lüpfte sie jetzt und verbeugte sich vor Julia und den anderen.

»Ich wünsche den Herrschaften einen ganz zauberhaften guten Abend«, sagte sie. »Wenn ich mich vorstellen darf: Pompilia von Knatter.« Sie hob die Hand, und ein kleiner Blitz schoss auf den Boden.

Julia versteckte sich schnell hinter Mama.

»Verzeihung«, sagte Pompilia vergnügt. »Wird nicht wieder vorkommen.«

»Soll ich vielleicht doch hierbleiben?«, fragte Mama vorsichtig, doch Papa winkte ab. »Herzlich willkommen, liebe Pompilia«, rief er fröhlich. »Ihre Zeugnisse sind ja hervorragend. Sie haben schon Kinder einer Königsfamilie gehütet und auf kleine Pandababys aufgepasst – ich bin mir sicher, dass Sie sich auch mit meinen Töchtern hervorragend verstehen werden. Nicht wahr, Julia und Paula?«

Er wuschelte den beiden durch die Haare und zwinkerte Mama zu. Dann zog er seine Jacke an, nahm Mama an die Hand und zerrte sie aus der Haustür. »Viel Spaß«, sagte er mit einem breiten Grinsen und winkte. »In spätestens zwei Stunden sind wir zurück.«

Pompilia schloss die Tür, zog ihre schwarzen Stiefel aus und warf den Hut auf die Garderobe. »Nun schaut nicht so verschreckt, ihr süßen Mäuschen! Habt ihr etwa noch nie eine Hexe gesehen?«

»S-S-Sie sind eine H-H-Hexe?«, stammelte Paula. »Ein echte, die zaubern kann?«

Pompilia warf sich aufs Sofa und legte ihre Füße auf den Tisch. »Na, was denkst du denn? Was soll ich euch zaubern? Eine leckere

Krötensuppe? Oder Glibberlimonade mit Schneckenschleim? Oder wollen wir mein Lieblingsspiel
spielen? Es heißt Fang die Spinne und –«

»Ihhhh«, schrie Julia. »Wir wollen doch keine
Kröten! Und Spinnen und Schneckenschleim wollen
wir auch nicht! Wir wollen –«

»Popcorn«, rief Paula. »Und Gummibärchen und lilafarbenen Wackelpudding und ein richtiges Prinzessinnenbett und –«

»Halt, halt, halt«, sagte Pompilia. »So geht das nicht. Eins nach dem anderen. Habt ihr schon Abendbrot gegessen?«

Paula und Julia schüttelten den Kopf.

»Dann fangen wir damit an«, erklärte Pompilia. »Was esst ihr normalerweise?«

»Pommes!«, behauptete Julia. Das war natürlich eine Lüge, aber das musste
Pompilia ja nicht wissen. »Mit Ketchup und Majo. Und zum Nachtisch
Wackelpudding.«

Pompilia murmelte einen Zauberspruch und schnipste dreimal mit den
Fingern. Wieder schoss ein Blitz aus ihrer Hand, und im selben Moment
standen knusprige Pommes, Ketchup, Majo, eine Schüssel lilafarbener
Wackelpudding, Popcorn in allen Regenbogenfarben und Gummibärchen
auf dem Tisch.

»Ich weiß genau, dass ihr mich angelogen habt«, sagte Pompilia lächelnd
und erhob sich vom Sofa. »Alle Kinder lügen, wenn ich diese Frage stelle.
Also, lasst es euch schmecken.«

»Wir brauchen doch noch Teller und Besteck«, bemerkte Paula.

»Wozu das?«, fragte Pompilia erstaunt. »Es ist doch viel praktischer, gleich
aus der Schüssel zu essen. Wozu habt ihr denn eure Finger?«

Paula grinste. »Na gut, wenn du meinst!«

Die Pommes ließen sich ganz gut ohne Besteck essen, beim Wackelpudding wurde es allerdings schon schwieriger.

»Ihhh«, machte Julia, als ihr der lilafarbene Glibber durch die Finger flutschte.

»Papperlapapp«, sagte Pompilia. »Jetzt stellt euch nicht so an.«

Doch Paulas und Julias Finger klebten so sehr, dass die Gummibärchen und das Popcorn daran hängen blieben.

»Soll ich das Popcorn festhexen?«, fragte Pompilia. »Damit wärt ihr bestimmt die Attraktion im Kindergarten. Die Mädchen mit den Popcorn-händen.« Sie kicherte.

»Lieber nicht«, sagte Julia.

Pompilia sprang auf und klatschte in die Hände.

»Und jetzt ist etwas Bewegung angesagt! Ich zeige euch ein paar Übungen, die wir

Hexen nach dem Essen machen. Damit wir uns wieder locker-flockig auf unsere Besen schwingen können.«

»Du hast einen Besen?«, fragte Julia mit großen Augen.

»Aber selbstverständlich«, antwortete Pompilia. »Habe ich draußen neben eurer Haustür geparkt. Und jetzt holt so viele Bücher aus dem Regal, wie ihr tragen könnt. Wir spielen Bücherbalancieren.«

»Aber Mama hat gesagt …«, begann Julia.

»Papperlapapp«, entgegnete Pompilia. »Hol die Bücher her und stapele sie auf dem Fußboden. Am besten unterschiedlich hoch, dann macht es mehr Spaß.«

Paula und Julia schleppten Mamas Liebesromane, Lexika, Krimis und Kochbücher heran und verteilten sie im Wohnzimmer.

»Prima«, sagte Pompilia. »Und jetzt sucht euch einen Stapel aus, stellt euch drauf und steigt vorsichtig auf den nächsten. Diese Übung fördert die Konzentration und den Gleichgewichtssinn.«

Julia stieg auf den ersten Stapel und hatte Mühe, sich oben zu halten. »Ganz schön wackelig«, sagte sie und machte einen großen Schritt auf den nächsten Stapel. Und so staksten Julia, Paula und Pompilia von einem Bücherturm zum nächsten durchs ganze Wohnzimmer, und die Mädchen fanden, dass sie noch nie ein lustigeres Spiel gespielt hatten.

»Die nächste Hexenübung heißt Kissenschlacht«, erklärte Pompilia und klopfte auf eines der Sofakissen. »Allerdings nicht mit solchen langweiligen Kissen wie diesen hier. Ich hexe uns richtige Kissen, denn bei einer ordentlichen Kissenschlacht müssen Federn fliegen!«

»Und was ist mit den Büchern?«, fragte Paula.

»Die hexe ich schnell in die Regale zurück.« Und schwups! waren die Bücher verschwunden, und mitten im Wohnzimmer lag ein riesiger Kissenberg.

Pompilia schnappte sich als Erste ein Kissen und warf es auf Paula. »Die Schlacht ist eröffnet!«, rief sie und duckte sich hinter das Sofa, als Paula ein Kissen zurückschleuderte. Das flog genau gegen Mamas Blumenvase, die klirrend zu Boden fiel.

»Kein Problem«, rief Pompilia hinter dem Sofa, »die Scherben hexe ich nachher wieder zusammen. Es geht bestimmt noch mehr zu Bruch.«

Nachdem kein einziges Kissen mehr Federn hatte, ließen sich Julia und Paula erschöpft in den weichen Federberg fallen.

»Das war super«, sagte Julia. »Aber jetzt bin ich echt müde.«

»Was?«, fragte Pompilia entrüstet. »Ich habe doch noch viel mehr lustige Spiele auf Lager. Aber bitte, wenn ihr meint … dann geht ruhig schlafen.«

Eine Babysitterin, die gar nicht wollte, dass die Kinder ins Bett gingen? Das war ja etwas ganz Neues.

»Wenn ihr Lust habt, können wir auf dem Wohnzimmerteppich in euer Zimmer fliegen.«

»Jaaa!«, rief Paula begeistert. »Einmal die Treppe hoch und dann links.«

Nachdem sie im Kinderzimmer gelandet waren, zogen sich Julia und Paula ihre Nachthemden an und putzten die Zähne. »Erzählst du uns noch eine Geschichte?«, fragten sie Pompilia.

»Ich kenne nur gruselige Hexengeschichten«, sagte Pompilia bedauernd. »Aber wie wäre es mit einem kleinen Einschlafzauber?«

»So wie bei Dornröschen?«, fragte Julia.

Pompilia schüttelte den Kopf. »Nein, nein! Ihr müsst nicht hundert Jahre schlafen und warten, bis euch ein Prinz wach küsst.«

Julia hielt es trotzdem für sicherer, in Paulas Nähe zu sein, und sprang schnell in das Bett ihrer Schwester. Dort kuschelten sie sich ganz eng aneinander.

Pompilia saß mit geschlossenen Augen auf der Bettkante und murmelte:

»Sternenzauber, gold'ner Schimmer,

blumig-schönes Traumgeflimmer,

so nimmt die Nacht gleich ihren Lauf,

Pompilia passt auf euch auf.«

Sie schnipste dreimal leise mit den Fingern, und an der Decke und den Wänden erstrahlte plötzlich ein wunderschöner Sternenhimmel.

»Schlaft gut, ihr süßen Mäuschen«, flüsterte Pompilia.

»Gute Nacht«, murmelte Julia schläfrig. »Hoffentlich kommst du uns bald wieder besuchen.«

»Aber selbstverständlich«, antwortete Pompilia und strich über Julias Kopf.

»Und dann probiert ihr meine weltberühmte Krötensuppe.«

Einsatz für Galaxus

Galaxus und sein Assistent Mööp saßen auf ihrem Raketensofa und hörten Weltraumnachrichten.

»Die Milchstraße musste aufgrund hohen Verkehrsaufkommens vorübergehend gesperrt werden. Alle fliegenden Objekte werden gebeten, krrzzzzzz, schrrrzzzzz, rrrkszzsrrr …«

Das Radio verstummte plötzlich, und Galaxus' Kopf fing ganz fürchterlich an zu jucken.

»Mööp«, sagte Galaxus, »leuchtet die Antenne?«

»Und wie.« Mööp nickte.

Immer, wenn Galaxus' Kopf juckte und die Antenne seines Radios leuchtete, brauchte irgendjemand im All seine Hilfe. Galaxus war nämlich ein Superheld.

»Wohin müssen wir denn?«, fragte Galaxus, schnappte sich Mööp und hielt ihn aus dem Fenster. »Kannst du etwas orten?«

»Mir wird schlecht, wenn du mich so herumschleuderst«, beschwerte sich Mööp. Doch kurz darauf vermeldete er: »Ich spüre etwas. Ein Marsmensch braucht deine Hilfe. Er hat sich verflogen.«

»So ein Quatsch«, sagte Galaxus. »Marsmenschen haben einen hervorragenden Orientierungssinn. Die verfliegen sich nicht. Versuch es noch mal.«

Mööp kniff die Augen zusammen, und dann empfing er ein anderes Signal.

»Die Erde. Wir müssen zur Erde und einem Jungen
helfen.«

»Die Erde!«, rief Galaxus begeistert. »Mein Lieblingsplanet.
Da gibt es immer die besten Abenteuer. Weißt du noch, als wir
in Afrika diesen kleinen süßen Elefanten zu seiner Herde zurückge-
bracht haben? Oder als wir die Flaschenpost im Ozean gefunden und
einen Mann richtig glücklich gemacht haben?« Galaxus rieb sich die
Hände. »Ich bin gespannt, was uns heute erwartet.«

Mööp stopfte sich noch schnell etwas Weltraumweingummi in den Mund.
»Falls unser Ausflug länger dauert«, nuschelte er in Galaxus' Richtung.

»Verstehe«, erwiderte Galaxus und steckte Mööp unter dessen lautem
Protest in seine Superheldentasche. Dann warf er sich seinen roten Super-
heldenumhang über und rannte aus dem Haus.

Wuuuuuuschhhhh!

Galaxus zischte durch das All – schneller, als die Weltraumpolizei erlaubt –, und Platsch! landete er unsanft auf der Erde. Vor einem Haus, um genau zu sein. Und an einem der Fenster in diesem Haus stand ein Junge, der ziemlich traurig aussah. Galaxus gab ihm ein Zeichen, das Fenster zu öffnen.

»Wie heißt du? Und warum bist du so traurig?«

Der Junge schniefte. Dann sagte er zögernd: »Ich heiße Rasmus. Und mein Kuschelhund ist weg. Ohne den kann ich nicht einschlafen.«

Galaxus begann zu strahlen, und Mööp kam freudig aus der Superheldentasche gekrochen: »Ein Fall für Galaxus!«, riefen die beiden. Dann wandte sich Galaxus wieder an Rasmus. »Wir werden deinen Kuschelhund finden, das verspreche ich dir. In deinem Zimmer hast du bestimmt alles abgesucht, oder?«

Rasmus nickte.

»Dann sollten wir einen kleinen Rundflug starten. Von oben sieht die Welt nämlich oft ganz anders aus. Mööp, bitte merk dir die besonderen Kennzeichen des Kuschelhundes. Und die wären, Rasmus?«

»Er hat ein weiches braunes Fell, schwarze Schlappohren und trägt ein gelbes Halstuch mit grünen Punkten.«

»Abgespeichert«, versicherte Mööp.

»Wie sieht es aus, Rasmus, fliegst du eine Runde mit uns?«, fragte Galaxus.

»Wir sind in Lichtgeschwindigkeit zurück, es wird also niemand bemerken, dass du kurz weg warst.«

Rasmus zögerte einen Augenblick, dann verzog sich sein Mund zu einem Lächeln, und er kletterte aus dem Fenster. »Aber ich kann doch gar nicht fliegen«, gab er zu bedenken.

»Mööp auch nicht«, erwiderte Galaxus. »Aber ich, und das sollte reichen! Komm, gib mir deine Hand.«

Galaxus setzte Mööp auf seinem Helm ab und hob dann mit Rasmus an der Hand ab.

»Uahhhh!«, machte Rasmus erschrocken.

»Keine Angst«, rief Galaxus. »Versuch, dich in die Waagrechte zu bringen, dann geht das Fliegen wie von selbst. Also, welche Richtung?«

Rasmus deutete die Straße entlang. »Ich war vorhin bei meinem Freund Moritz. Bei dem hat Mama aber schon angerufen, da ist der Hund nicht.«

»Vielleicht hast du den Hund auf dem Weg zurück verloren«, überlegte Galaxus.

Sie flogen über die Bäume hinweg, doch vom Kuschelhund war nichts zu sehen. Sie flogen Richtung Kindergarten, aber auch dort war der Kuschelhund nicht.

»Verdächtiges Objekt erspäht«, tönte es plötzlich von Galaxus' Helm. Mööp zeigte aufgeregt nach unten.

»Du meinst, in diesem Sandhaufen da unten?«, fragte Galaxus.

»Ja«, antwortete Mööp. »Siehst du nicht den gelben Fleck mit den grünen Punkten?«

»Der Spielplatz!«, rief Rasmus. »Da waren Moritz und ich vorhin. Wir haben dem Hund eine Höhle im Sand gebaut. Bestimmt haben wir ihn da vergessen.«

»Na, dann setzen wir mal zum Landeanflug an!«, sagte Galaxus gut gelaunt. Als sie auf dem Boden aufkamen, wirbelte überall Sand auf.

»Das ist er«, rief Rasmus glücklich. »Mein Kuschelhund!« Er befreite den Hund vom Sand und schloss ihn fest in die Arme.

Galaxus zwinkerte Mööp zu. »Wieder eine Mission erfüllt«, raunte er leise. Rasmus sah die beiden an. »Danke«, sagte er. Heute Nacht würde er bestimmt von seinem Superheldenabenteuer träumen.

Das Nachtrennen

Flitzi, das kleine grüne Rennauto, war aufgeregt: Heute fand das große Nachtrennen statt, und er durfte zum ersten Mal dabei sein!

Als sein Freund Hups angefahren kam, blinkte Flitzi zur Begrüßung mit den Scheinwerfern. »Wie sieht es aus, wollen wir schon mal ein paar Runden drehen?«, fragte er.

»Auf jeden Fall!«, antwortete Hups. »Wir müssen die Strecke schließlich kennenlernen und uns die gefährlichen Stellen gut einprägen.«

Flitzi ließ seinen Motor aufheulen und steuerte auf die Rennstrecke zu. Normalerweise fuhren hier nur die großen Rennautos um die Wette, aber diesmal durften die Junior-Wagen gegeneinander antreten.

»Auf die Plätze, fertig, los!«, rief Hups und gab Gas. Flitzi hatte ihn schnell eingeholt, und sie fuhren nebeneinander in die erste Kurve.

»Die war ja harmlos«, stellte Flitzi fest. »Da können wir ruhig schneller fahren.«

»Aber die nächste Kurve hat es in sich«, sagte Hups. »Da musst du aufpassen.«

Flitzi spürte ein unangenehmes Kribbeln im Heck. Durch den Rückspiegel erkannte er, dass ihm jemand dicht auf den Fersen war. Nero, das gemeine schwarze Rennauto. Nero blinkte wie verrückt mit den Scheinwerfern und

kam immer näher. »Aus dem Weg, ihr lahmen Enten!«, rief er. Da sie keinen Ärger wollten, fuhren Flitzi und Hups an die Seite und kamen dabei fast von der Rennstrecke ab. Nero rauschte haarscharf an Flitzi vorbei und hätte ihn beinahe mit seinem Außenspiegel gestreift. »Ihr habt keine Chance gegen mich«, dröhnte Nero und lachte fies. Dann verschwanden seine Rücklichter hinter der nächsten Kurve.

Nachdem Flitzi und Hups ihr Training beendet hatten, fuhren sie für einen letzten Check in die Werkstatt. Die Mechaniker überprüften die Reifen und tankten die Rennwagen noch einmal auf. »Alles okay«, sagte Timo und klopfte Flitzi auf die Kühlerhaube. »Ich drücke euch die Daumen für heute Nacht.«

Die beiden Rennautos verließen die Werkstatt und fuhren zu ihrem Lieblingsparkplatz bei den großen Kastanien, wo sie sich noch ein wenig die Sonne auf den Lack scheinen ließen.

»Ist doch egal, ob wir gewinnen oder nicht«, meinte Hups irgendwann und

winkte mit den Scheibenwischern seiner Freundin Lola zu, die mit einem gelben Rennauto Fangen spielte.

»Finde ich auch«, sagte Flitzi. »Das wird so oder so ein riesiges Erlebnis für uns. Trotzdem wäre es doof, wenn ausgerechnet Nero gewinnt.«

»Das werden wir ja sehen«, antwortete Hups.

Als es endlich dunkel wurde, fuhren Flitzi und Hups wieder zur Rennstrecke. Große Scheinwerfer beleuchteten die Startlinie, an der sich schon ein paar Rennwagen aufgebaut hatten. Flitzi und Hups starteten aus der dritten Reihe, und Flitzis Motor vibrierte vor Aufregung, als er die vielen Zuschauer auf der Tribüne sah.

»Viel Glück«, murmelte Hups.

»Danke«, sagte Flitzi. »Dir auch.«

Als das Startsignal ertönte, war volle Konzentration angesagt. Die Autos vor Flitzi setzten sich in Bewegung, und endlich konnte auch er losfahren. Seine Scheinwerfer beleuchteten die Strecke, trotzdem sah jetzt alles ganz anders aus als bei Tageslicht. Nicht zu viel nachdenken, hatte ihm sein Vater, ein in die Jahre gekommener Rennwagen, vorhin noch eingetrichtert. Na, dann los!, machte Flitzi sich selbst Mut und gab ordentlich Gas.

Die Strecke verlief zunächst ein ganzes Stück gerade, sodass er einen silberblauen und einen roten Wagen überholen konnte. »Du willst es wohl wissen, was?«, rief ihm der rote beleidigt hinterher, doch Flitzi achtete nicht darauf und fuhr immer schneller.

Bald war nur noch ein einziger Wagen vor ihm: Nero, das gemeine schwarze Rennauto.

Als Nero bemerkte, dass Flitzi dicht hinter ihm war, ließ er seine Rücklichter so stark aufleuchten, dass Flitzi geblendet wurde und fast nichts mehr sehen konnte. Er musste abbremsen, schaffte es aber kurz darauf, Nero wieder einzuholen. Flitzi war jetzt auf gleicher Höhe. »An mir kommst du nicht

vorbei«, dröhnte Nero und versuchte, Flitzi von der Fahrbahn zu drängen.
Dabei bemerkte er wohl nicht, dass die nächste Kurve in Sicht kam. Es war
die gefährliche, die Flitzi und Hups vorher extra ein paarmal abgefahren
waren.

Flitzi ließ sich zurückfallen, während Nero mit viel zu hoher Geschwindigkeit weiterraste. Er schaffte es nicht, auf der Strecke zu bleiben, sondern flog
aus der Kurve und überschlug sich. »So ein Mist«, hörte Flitzi Nero fluchen,
woraus er schloss, dass dem schwarzen Rennauto nichts passiert war. Flitzi
sah ein letztes Mal in den Rückspiegel, bevor er seine Geschwindigkeit wieder erhöhte. Nur noch wenige Hundert Meter, dann hatte er es geschafft.

»He, warte auf mich!«, rief plötzlich Hups und war jetzt genau neben Flitzi.
»Wollen wir nicht zusammen über die Ziellinie fahren?«

»Super Idee«, sagte Flitzi.

Die Zuschauer jubelten und klatschten, als die Freunde ins Ziel kamen.
Flitzi war überglücklich. Das war sicher nicht sein letztes Nachtrennen
gewesen.

Bärenbrüder

Der kleine Bär Jojo saß vor der Höhle und blickte in den Nachthimmel. Jeden Abend vor dem Schlafengehen erklärte sein Vater ihm die Sternbilder, und deshalb wusste Jojo, dass es dort oben einen Kleinen Bären und einen Großen Bären gab.

Wie hier unten, im echten Bärenleben: Jojo war der kleine und sein Bruder Hanno der große Bär.

Doch heute war Papa mit seinen Bärenfreunden auf die Jagd gegangen, und Mama war auf einem Geburtstag. Und ohne seinen Vater konnte Jojo die Sternbilder nicht erkennen.

»Hanno«, rief er deshalb in die Höhle. »Erklärst du mir die Sterne?«

»Keine Lust«, brummte Hanno. Er saß auf dem Sofa und sah sich ein Buch an.

»Wollen wir was anderes machen? Im Dunkeln Verstecken spielen oder Fangen oder …«

»Nein«, unterbrach ihn Hanno. »Ich will dieses Buch hier angucken und meine Ruhe haben.«

»Okay, dann gehe ich zu Ferdi«, sagte Jojo gekränkt und trottete los. Ferdi war sein Freund, und bei Ferdi im Fuchsbau ging es lustig und wild zu. Er hatte fünf Geschwister und immer jemanden zum Spielen.

»Halt, hiergeblieben!«, rief Hanno und kam aus der Höhle geschossen. »Du weißt genau, dass du abends nicht alleine durch den Wald spazieren sollst. Das ist viel zu gefährlich!«

»Aber mir ist langweilig!«, sagte Jojo.

»Mal doch ein Bild«, schlug Hanno vor. »Oder räum auf. Oder denk dir eine Geschichte aus.«

Hanno verschwand wieder in der Höhle und setzte sich aufs Sofa. Jojo hatte keine Lust zu malen oder aufzuräumen oder sich eine Geschichte auszudenken. »Warum kannst du nicht mit mir spielen?«, fragte er jammernd.

»Weil ich mir dieses Buch angucken will!«, entgegnete Hanno. »Verstehst du das nicht?«

»Darf ich mitgucken?« Jojo tapste ebenfalls in die Höhle und sprang neben seinen Bruder auf das Sofa.

»Nein«, antwortete Hanno und verdrehte die Augen. »Das ist nichts für kleine Bären.«

Jojo begann, auf dem Sofa auf und ab zu hüpfen. Das machte Spaß! Er warf die Tatzen in die Höhe und sang ein Lied. Doch Hanno musste schon wieder meckern: »Kannst du nicht woanders hüpfen?«

»Nö«, sagte Jojo. »Hier ist es am schönsten!«

Hanno stand auf und setzte sich mit dem Buch an den Tisch. Aber ohne Hanno war das Sofahüpfen nur halb so lustig.

Jojo sprang runter und setzte sich ebenfalls an den Tisch. »Machst du mir ein Honigbrot?«, fragte er seinen Bruder.

Hanno funkelte ihn böse an: »Du nervst! Warum machst du das nicht selbst?«

»Weil Mama mir verboten hat, das Messer zu benutzen«, sagte Jojo leise.

Hanno klappte sein Buch zu und legte es beiseite. »Ich mach dir ein Brot, wenn du mich dann endlich in Ruhe lässt. Einverstanden?«

Jojo nickte, während Hanno eine dicke Scheibe abschnitt und mit Honig bestrich.

Nachdem der kleine Bär das Brot aufgegessen hatte, ging er noch einmal vor die Höhle und blickte in den Sternenhimmel. Wenn jetzt eine Sternschnuppe vorbeifliegen würde, dachte er, dann würde ich mir einen anderen Bruder wünschen. Oder dass Mama und Papa nie mehr abends weggehen. Aber leider war weit und breit keine Sternschnuppe zu sehen.

Traurig tapste Jojo wieder in die Höhle und zog sich seinen Schlafanzug an. »Gute Nacht«, sagte er zu Hanno, doch der hatte sich inzwischen Kopfhörer aufgesetzt und bekam nichts mit.

Jojo kuschelte sich in sein Bett, aber er konnte nicht einschlafen. Normalerweise las Mama ihm immer noch eine Gutenachtgeschichte vor und gab ihm einen Kuss.

Als sein Bruder ins Bett ging, lag Jojo immer noch wach.

»Pst«, machte Hanno. »Schläfst du schon?«

Jojo wusste nicht, was er antworten sollte. Er wollte nicht schon wieder Ärger mit Hanno kriegen.

»Nein«, murmelte er schließlich.

»Ich finde es irgendwie ein bisschen unheimlich ohne Mama und Papa«, flüsterte Hanno. »Du nicht?«

»Schon«, sagte Jojo leise. »Aber sie kommen bestimmt bald wieder.«

»Da ist so ein merkwürdiges Geräusch. Hörst du das?«, fragte Hanno.

Jojo lauschte in die Dunkelheit. Doch da war nichts. »Keine Ahnung, was du meinst. Lass uns einfach schlafen.« Seine Augen waren inzwischen ganz schwer, und er war richtig müde.

Hanno sagte eine Weile nichts. »Es tut mir leid, dass ich vorhin so gemein zu dir war«, flüsterte er schließlich. »Das war nicht nett.« Er zögerte. »Darf ich vielleicht mit in dein Bett kommen? Ich erzähle dir auch eine Geschichte.«

Jojo musste nicht lange überlegen. »Na klar, komm her. Kleiner Bär und großer Bär, wie oben am Sternenhimmel.«

Hanno und Jojo kuschelten sich ganz eng zusammen, und Hanno begann zu erzählen. Von einem Piratenbär, der mutig in See stach. Und Jojo wusste plötzlich, dass es keinen besseren großen Bruder als Hanno geben konnte.

Der Rittergeburtstag

Heute war Thores Geburtstag. Nach dem Aufstehen hatten Mama, Papa und Ida ihm ein Ständchen gesungen, und er hatte seine Geschenke ausgepackt. Am allertollsten war die neue Ritterburg, die er sich so gewünscht hatte. Und gleich würden seine Freunde Max, Emre und Basti kommen, um einen echten Rittergeburtstag mit ihm zu feiern.

»Wir beginnen mit einer Schnitzeljagd«, verkündete Papa, als alle Gäste da waren. »Setzt euch eure Ritterhelme auf und nehmt eure Schwerter, denn der Weg wird gefährlich sein!«

Als Thore seinen Helm aufsetzte, spürte er etwas am Kopf. Neugierig nahm er den Helm wieder ab und sah, dass ein Zettel darin klebte. »Oh, der erste Hinweis«, rief er. Es waren ein Bär und ein Stein darauf gemalt.

»Zeig mal her«, meinte Emre. Dann grinste er. »Das bedeutet bestimmt, dass wir zum Bärenfelsen gehen sollen.«

Thores Herz machte einen aufgeregten Hüpfer. Der Bärenfelsen lag mitten im Wald, und man konnte dort super klettern.

»Na, dann nichts wie los«, sagte Papa.

Thore rannte aus dem Garten, und seine Freunde folgten ihm mit lautem Ritterge-brüll. »Nehmen wir den langweiligen Weg oder den abenteuerlichen?«, rief Thore seinem Vater zu, denn es gab einen normalen Weg für Spaziergänger und Radfahrer und einen schmalen Pfad durchs Gebüsch. Die Antwort gaben Max, Emre und Basti: »A-ben-teu-er, A-ben-teu-er!«, riefen sie im Chor.

Ritter Thore und seine Freunde schlugen mit ihren Schwertern Äste und Zweige beiseite und versteckten sich zwischendurch hinter einem Baum, als sie verdächtige Stimmen hörten. Doch es waren nur zwei Pilzsammler, die sich offensichtlich verlaufen hatten.

Endlich hatten die Jungs den Bärenfelsen erreicht.

»Braucht ihr eine kleine Stärkung?«, fragte Papa.

»Wir wollen erst mal eine Runde klettern«, rief Basti, warf sein Schwert beiseite und stieg auf einen großen Stein. Max war schon oben und schwenkte eine kleine Schachtel. »Guckt mal, was ich gefunden habe! Darin ist bestimmt der nächste Hinweis versteckt.«

»Warte auf uns!«, rief Thore. Er hatte es so eilig, den Felsen hochzukommen, dass er abrutschte und sich das Knie aufschürfte. »Autsch«, sagte er, doch dann biss er die Zähne zusammen. Er war schließlich ein Ritter, und echte Ritter waren nicht zimperlich.

Emre, Basti und Thore setzten sich zu Max, der vorsichtig die Schachtel öffnete.

»Was soll das denn sein?«, fragte Emre verwirrt und holte ein paar Papierschnipsel hervor.

»Vielleicht ein Puzzle?«, überlegte Basti. »Los, wir legen die Schnipsel mal aneinander.«

Und tatsächlich: Auf dem Bild, das entstand, war ein Wappen zu erkennen. Thore überlegte fieberhaft, wo er das schon einmal gesehen hatte. Inzwischen war auch Papa zu ihnen auf den Felsen geklettert. »Na, wem kommt das Wappen bekannt vor?«

Da fiel es Thore plötzlich ein. »Das ist doch das Wappen von König Kunibert! Der früher auf der Bärenburg gelebt hat!«

Papa lachte. »Dann wisst ihr ja, wohin es als Nächstes geht. Den Weg kennt ihr, oder?«

Die Jungs rutschten den Felsen hinunter, nahmen ihre Schwerter und stürmten los. Zur Bärenburg war es nicht weit. Seit der letzte Burgverwalter vor zwei Jahren weggezogen war, konnte man die Burg zwar nicht mehr von innen besichtigen, trotzdem fühlte man sich in ihrer Nähe wie ein echter Ritter.

Thore preschte als Erster aus dem Wald den grünen Hügel hoch, auf dem die

Burg lag. Als er oben ankam, erblickte er eine große rote Picknickdecke, auf der Mama und Ida saßen.

»Ritterpicknick!«, rief Ida freudig und winkte mit zwei Würstchenspießen. Thore wusste nicht so genau, was Ritter früher gegessen hatten, aber es war ihm auch egal. Er war hungrig wie ein Bär, nahm seinen Helm ab und ließ sich erschöpft auf die Decke fallen.

Mama hatte an alles gedacht: Es gab Salzstangen, Käsekräcker, Weintrauben, belegte Mini-Fladenbrote, Kuchen und Apfelschorle. Thore und seine Freunde aßen alles in null Komma nichts auf.

»Für die Ritter im Mittelalter hätte es nur Wasser und trocken Brot gegeben«, erklärte Papa. »Vielleicht noch ein paar Erbsen und Linsen dazu.«

»Bäh«, machte Thore und verzog das Gesicht.

Basti kicherte. »Doch gut, dass wir keine echten Ritter sind!«

»Und was machen wir jetzt?«, wollte Emre wissen.

Papa stand auf. »Die Ritter liebten es zu kämpfen und sich zu duellieren. Deshalb haben wir ein paar kleine Wettspiele für euch vorbereitet. Wir beginnen mit Sackhüpfen. Immer zwei gegeneinander.«

Als Thore und Max in die Säcke stiegen, ertönte plötzlich ein schriller Pfiff.

»Woher kam das denn?«, fragte Thore und blickte sich suchend um.

Es folgte ein weiterer Pfiff.

»Da oben!«, rief Max und deutete auf die Burg. Über die Mauer lugte ein brauner Wuschelkopf.

»Kann ich mitspielen?«, fragte der Junge.

Thore war überrascht, dass dort jemand stand. »Bist du etwa ein Ritter?« Er kicherte.

»Sozusagen«, antwortete der Junge. »Mein Vater ist der neue Burgverwalter, und wir sind gerade eingezogen.«

Thore strahlte. »Kann man die Bärenburg dann bald wieder besichtigen?«
»Wenn ihr wollt, kann ich sie euch auch gleich zeigen«, sagte der Junge.
»Kommt hoch!«
Thore hüpfte aufgeregt auf und ab. »Mama, dürfen wir?«, bettelte er.
»Natürlich«, sagte Mama und lachte. »Sonst wäre es ja kein echter Ritter-
geburtstag.«
Die Jungs rannten wie der Blitz die Treppe zur Burg hoch. Das Tor, das
normalerweise immer verschlossen war, stand jetzt offen.
»Herzlich willkommen auf der Bärenburg«, sagte der Junge. »Ich heiße
übrigens Arthur.«
»Danke für die Einladung!« Thore hielt sein Schwert vor seine Brust
und verbeugte sich wie ein Ritter. Dann lief er zur Burgmauer und
winkte seinen Eltern. Jetzt fühlte er sich wirklich wie ein echter Ritter.
Und er hoffte, dass Arthur sein Freund werden würde. Damit er
jeden Tag Ritter sein konnte.

Der große Traum vom Tanzen

»Tschüss, meine kleinen Tanzmäuse! Wir treffen uns morgen um 16 Uhr hinter der Bühne auf dem Rathausmarkt«, verkündete Bella und klatschte in die Hände.

Mara musste erst mal einen Schluck aus ihrer Trinkflasche nehmen, so anstrengend war das Training gewesen. Die Tanzmäuse hatten morgen nämlich ihren ersten großen Auftritt. Sie führten auf dem Stadtfest das Stück »Schneewittchen« auf, und Mara war einer der Zwerge.

Die Hauptrolle hatte ihre beste Freundin Amina bekommen.

»Du hast es gut«, sagte Mara zu Amina, während sie mit Aminas Vater zum Auto gingen. Weil ihre Mama noch arbeiten musste, fuhr Mara nach dem Training mit zu ihrer Freundin. »Ich wäre auch gerne Schneewittchen.«

»Du kriegst bestimmt im nächsten Stück die Hauptrolle«, meinte Amina tröstend. »Und sei froh, dass du ein Zwerg bist und nicht die böse Stiefmutter.«

Mara kicherte. »Das stimmt natürlich. Wollen wir die Schritte gleich noch mal bei euch im Garten üben?«

»Au ja«, sagte Amina, »dann kann morgen nichts mehr schiefgehen.«

Aminas Mutter hatte auf der Terrasse ein kleines Tischchen mit Limonade und Keksen aufgebaut und auf ihrem Handy die Musik zu dem Tanzstück gefunden. Amina legte sofort los: zwei Schritte nach vorne, eine halbe

Drehung zur Seite, wieder zurück, dazu führte sie die Arme in einem großen Bogen über den Kopf. Einmal hüpfen, dann vier Schritte zurück und zweimal in die Knie gehen.

Mara saß auf einem Liegestuhl und wippte mit dem Fuß. Inzwischen hatte sie Amina schon so oft als Schneewittchen gesehen, dass sie jeden ihrer Schritte auswendig kannte.

»Na, das sieht doch schon gut aus«, sagte Aminas Mutter schließlich. »Das wird bestimmt ein super Auftritt.« Nachdem sie auch Maras Schritte geübt hatten, dachten sie sich ein paar Quatschtänze aus. »Das ist der Pinguintanz«, sagte Amina und watschelte über den Rasen.

»Und das der Elefantentanz«, sagte Mara und stampfte zur Musik. Dann ließen sie sich lachend ins Gras fallen und alberten herum, bis Mara abgeholt wurde.

Als Mara am nächsten Morgen aufwachte, spürte sie ein aufgeregtes Kribbeln im Bauch. Heute war der große Tag für die Tanzmäuse. Sie würden das erste Mal vor großem Publikum tanzen!

Mara wollte sich gerade den Schlafanzug ausziehen, als ihre

Mutter mit dem Telefon in der Hand ins Zimmer kam. »Weißt du, wer gerade angerufen hat? Bella!«

»Und was wollte sie?«

Mama setzte sich auf Maras Bettkante. »Amina hat ganz hohes Fieber bekommen. Sie kann heute nicht auftreten.«

Mara hatte plötzlich einen Kloß im Hals. »Fällt das Stück dann aus?«, fragte sie. Sie spürte, dass ihr Tränen in die Augen stiegen, denn sie hatte sich so darauf gefreut.

Mama legte einen Arm um Maras Schultern. »Bella fragt, ob du dir vorstellen könntest, das Schneewittchen zu tanzen. Sie weiß, dass du Aminas Schritte im Schlaf beherrschst, und sie würde es dir in jedem Fall zutrauen.«

Mara wischte sich eine Träne weg. »Aber … aber ich habe doch gar nicht geübt.«

»Ein bisschen Zeit ist ja noch«, sagte Mama. »Und Bella hat angeboten, nachher vorbeizukommen und alles mit dir durchzugehen.«

»Wirklich?«, fragte Mara. Sie konnte nicht glauben, dass sie plötzlich die Hauptrolle in dem Stück spielen sollte. »Und wer ist dann der Zwerg?«

»Da hat sich Bella bestimmt etwas einfallen lassen«, antwortete Mama mit einem Lächeln.

Beim Frühstück bekam Mara kaum etwas hinunter, und die Zeit, bis es endlich an der Tür klingelte, zog sich wie Kaugummi. Doch dann war Bella da, drückte Mama die CD mit der Musik in die Hand, schob das Sofa an die Wand und stellte sich neben Mara auf. »Los geht's«, sagte Bella und begann mit den Schritten, die Mara gestern mit Amina geprobt hatte: zwei nach vorne, eine halbe Drehung zur Seite, wieder zurück, die Arme in einem großen Bogen über den Kopf. Einmal hüpfen, dann vier Schritte zurück und zweimal in die Knie gehen.

»Da hätte ich ja gar nicht kommen müssen«, stellte Bella lachend fest, nachdem sie das ganze Stück durchgetanzt hatten. »Du hast es perfekt drauf!« Sie griff in ihre Hosentasche und holte etwas Silbernes hervor. »Außerdem habe ich noch das hier«, sagte Bella. »Ich war gerade kurz bei Amina, um das Kostüm abzuholen. Und da hat sie mir diesen Glücksbringer für dich mitgegeben.«

Sie reichte Mara ein silbernes Kettchen mit einem Herzanhänger. Aminas Kette. Mara legte sie sofort um. »Ich glaube, jetzt kann nichts mehr schiefgehen«, sagte sie, auch wenn ihr ganz schön die Knie schlotterten.

Mama, Papa, Bella und Mara fuhren mit der Straßenbahn zum Rathausmarkt, auf dem heute zahlreiche Stände aufgebaut waren. In der Mitte war die große Bühne, auf der gerade noch eine Band spielte. Mara gab Mama und Papa einen Kuss und folgte Bella dann durch die Menschenmenge zum vereinbarten Treffpunkt, wo die anderen Tanzmäuse sie bereits erwarteten.

Bella gab noch einmal genaue Anweisungen und stellte alle Kinder in der Reihenfolge auf, in der sie die Bühne betreten sollten. Nachdem die Band aufgehört hatte zu spielen, kündigte ein Sprecher den Auftritt der Tanzmäuse an.

»Ihr schafft das!«, sagte Bella und schob Mara sanft die Treppe zur Bühne hinauf. Mara suchte ihren Platz und wartete, bis sich die anderen Kinder aufgestellt hatten. Ihr Blick wanderte über den Rathausmarkt und die vielen Leute, die sie aufmerksam ansahen. Hoffentlich machte sie keinen Fehler! Mara spielte nervös an Aminas Kette herum, doch als die Musik einsetzte, war sie voll bei der Sache: zwei Schritte nach vorne, eine halbe Drehung zur Seite, wieder zurück … ihre Arme und Beine bewegten sich wie von selbst, und Maras Schneewittchenkleid flatterte um sie her.

Als der letzte Takt der Musik verklungen war, stellten sich alle Tanzmäuse in eine Reihe.

»Bravo!«, rief einer der Zuschauer, und dann fingen alle wie wild an zu klatschen. Jetzt kam auch Bella auf die Bühne und sagte: »Ihr müsst euch verbeugen!«

Der Applaus hielt noch lange an, und Mara fiel ein riesiger Stein vom Herzen. Sie hatte es geschafft! Und das hatte sie bestimmt ihrem tollen Glücksbringer zu verdanken.

Die Traumfabrik

Jonte erschien wie jeden Morgen pünktlich um acht bei der Arbeit. Fröhlich pfeifend ging er in den Umkleideraum, um sich seinen Schlafanzug anzuziehen. Jonte war nämlich ein Traumwichtel und zuständig für die Produktion von Träumen, die hier in der Fabrik von Professor Schlummer hergestellt und nachts an die Menschen ausgeliefert wurden. Ihre Arbeitskleidung waren bunt gestreifte Schlafanzüge und rote Schlafmützen.

»Guten Morgen«, rief Jonte seinem Kollegen Norbi zu, doch der schüttelte nur griesgrämig den Kopf. Norbi arbeitete in der Abteilung für Albträume und hatte immer schlechte Laune, was Jonte ihm nicht verübeln konnte. Er selbst war in der Abteilung für Kinderträume und hatte dort jede Menge Spaß.

Als er an seinen Arbeitsplatz kam, wuchtete seine Kollegin Jula gerade den großen Wäschekorb auf den Tisch.

»Die Sammelwichtel waren ganz schön fleißig. Wir haben wieder jede Menge neues Material bekommen«, erklärte sie Jonte. »Das müssen wir erst mal sortieren.«

In dem Wäschekorb befanden sich Fotos, Postkarten, Zeitschriften und Comichefte – lauter Dinge, aus denen man Traumbilder erschaffen konnte. Jonte nahm sich eine Zeitschrift und blätterte sie durch.

»Ah, das ist doch gut«, sagte er und riss eine Seite heraus. Es war ein Hausboot darauf zu sehen. »Und das hier und das hier und das.« Er hatte einen Elefanten, eine Teekanne und einen Sandstrand voller Sonnenschirme gefunden und legte die Bilder auf verschiedene Stapel.

»Heute sind echt viele Tiere dabei«, stellte Jula fest und legte vier Ferkel, ein Kätzchen und ein Krokodil zum Elefanten.

»Ist das Krokodil nicht eher was für die Albträume?«, fragte Jonte.

»Quatsch«, antwortete Jula. »Wenn du es lila einfärbst oder ihm einen Sonnenhut aufsetzt oder es als Luftballon an einer Schnur schweben lässt, ist es doch total harmlos.«

Jonte lachte. »Da hast du natürlich recht.« Solche Träume waren genau nach seinem Geschmack.

»Oh, da kommt Professor Schlummer«, sagte Jula.

Professor Schlummer hatte ein Klemmbrett in der einen und einen Stift in der anderen Hand. »Abteilung Kinderträume«, murmelte er. »Guten Morgen.«

Er studierte die Liste auf seinem Klemmbrett und verkündete dann: »Wir benötigen heute 435 Kinderträume. Bitte nicht so viel Quatsch wie letzte Nacht.« Er sah Jonte mit strengem Blick an und fuhr fort: »Es sollen schöne, friedliche Träume sein. Solche, die Kindern ein Lächeln auf die Lippen zaubern und sie friedlich schlafen lassen. Abenteuerträume dürfen auch dabei sein. Aber bitte nicht zu gruselig. Noch Fragen?«

Jonte und Jula schüttelten den Kopf.

»Na dann, frohes Arbeiten. Die Maschinen laufen schon und können jederzeit befüllt werden.« Damit ging Professor Schlummer weiter in die nächste Abteilung.

Nachdem die Traumwichtel den Wäschekorb geleert und alle Bilder sortiert hatten, stellten sie sich an die Traummaschine. »Ich fange an!«, rief Jonte, griff wahllos in die Stapel und zog fünf verschiedene Bilder heraus. Die schob er in einen briefkastenartigen Schlitz in der Maschine und drückte einen roten Knopf. Die Maschine fing an zu surren, und nach etwa drei Minuten piepte es.

»Hm«, machte Jonte. »Was gebe ich jetzt noch dazu?«

»Überleg nicht so lange«, ermahnte ihn Jula. »Hast du nicht gehört, wie viele Träume wir heute brauchen? Das muss schneller gehen!«

»Ich beeile mich ja schon«, sagte Jonte und drückte auf den Knopf, auf dem Seifenblasen zu sehen waren. Die Seifenblasen sorgten dafür, dass ein Traum nicht so echt wirkte und dass man sich leicht und unbeschwert fühlte, wenn man aufwachte. Man konnte auch den Zuckerwatteknopf drücken, der die Träume immer etwas verschwommen wirken ließ, oder eine der Kreidestaubtasten, wodurch entweder einzelne Teile oder gleich ganze Träume in einer bestimmten Farbe erschienen.

Jula und Jonte wechselten sich ab. Während einer der Traumwichtel an der Maschine stand, suchte sich der andere am Tisch die nächsten Bestandteile für einen Traum zusammen.

Jonte musste sich ein Grinsen verkneifen, als er wieder an der Reihe war und zwei Mäuschen, einen Cowboyhut, das Weltall und einen Schaukelstuhl in die Maschine schob.

»Keine Quatschträume, hat Professor Schlummer gesagt«, ermahnte ihn Jula, die ihm offensichtlich über die Schulter geguckt hatte.

»Aber ohne ein winzig kleines bisschen Quatsch ist es doch langweilig«, sagte Jonte. »Außerdem wissen wir ja nicht, was die Maschine daraus macht.« Er drückte auf die rosafarbene Kreidestaubtaste und beobachtete, wie der fertig zusammengemischte Traum durch eine Glasröhre ans andere Ende der Maschine befördert und in ein kleines Stoffsäckchen abgefüllt wurde.

Diese Säckchen wurden von zwei weiteren Wichteln zugeknotet und auf Kisten verteilt.

Jonte und Jula waren ein eingespieltes Team und hatten am Ende des Tages tatsächlich 435 Träume zusammengemischt. Von den Stapeln war nichts mehr übrig.

»Puh, das war ganz schön anstrengend heute.« Jula wischte sich den Schweiß von der Stirn. »Zum Glück können wir jetzt nach Hause gehen.«

»Halt, halt, halt«, rief da plötzlich die Stimme von Professor Schlummer.

»Wir haben ein Problem. Die beiden Kurierwichtel Hans und Franz sind krank geworden. Sie sind für die Südstadt verantwortlich, aber leider können sie die Träume heute nicht ausliefern.«

»Was?«, fragte Jonte bestürzt. »Aber … wir haben uns so viel Mühe gegeben. Es sind bestimmt jede Menge gute Träume dabei.«

Professor Schlummer rieb sich die Nase. »Ich … ähm … nun ja … die anderen Kurierwichtel schaffen die zusätzliche Arbeit bedauerlicherweise nicht.« Er räusperte sich. »Könntet ihr euch vorstellen, heute eine Extraschicht einzulegen und die Träume in der Südstadt zu verteilen? Ihr könntet euch dafür morgen freinehmen.«

Jonte musste nicht lange überlegen. Er wollte schon immer mal beim Verteilen der Träume dabei sein und sehen, was passierte. »Also, ich übernehme das gerne«, sagte er und sah Jula erwartungsvoll an.

»Na gut«, sagte sie schließlich. »Dann mache ich auch mit.« Professor Schlummer klopfte den beiden auf die Schultern. »Vielen Dank. Dafür dürft ihr auch mal wieder ein paar Quatschträume produzieren.« Er half Jula und Jonte beim Beladen der Traumauslieferungsfahrräder und gab ihnen eine Liste mit Adressen. »Wenn ihr euch an die vorgegebene Route haltet, sollte es keinerlei Probleme geben«, erklärte er. »Denkt daran, dass nicht jedes Kind einen Traum bekommt. Manche sollen mal eine Nacht ohne Traum schlafen, und andere können noch ihren Traum von gestern träumen, weil sie nachts so lange wach gelegen haben, dass sich ein Traum gar nicht gelohnt hätte.«

Jonte nickte und versuchte, sich alles zu merken, was Professor Schlummer da sagte. »Das kriegen wir schon hin«, versprach er und schwang sich aufs Fahrrad.

»Zuerst müssen wir in die Heinrichstraße«, rief er Jula zu. »Ich weiß, wo das ist.«

Inzwischen war es schon dunkel draußen, und der Mond stand hell am Himmel.

Als sie vor dem ersten Haus anhielten, griff Jonte ein Säckchen aus dem Fahrradkorb und schleuderte es nach oben, wo es auf der Fensterbank landete. Von dort konnte der Traum aus dem Säckchen in das Zimmer schweben.

»Komm, wir müssen weiter!«, drängte Jula, doch Jonte blieb noch stehen. »Ich möchte nur ein Mal sehen, wie so ein Traum aussieht, den wir produziert haben. Bitte, warte kurz.«

Jonte beobachtete gebannt, wie eine winzig kleine Eule, die auf einem Ast saß, in einer Seifenblase aus dem Säckchen und durch das Fenster schwebte.

»Das war ja ein langweiliger Traum«, sagte Jonte enttäuscht. »Der war bestimmt von dir.«

»Im Gegensatz zu dir habe ich mich an die Vorgaben des Professors gehalten«, sagte Jula eingeschnappt und verschränkte die Arme vor der Brust. »Wenn dir meine Träume nicht gefallen, kann ich sie auch gerne allein verteilen.«

»Nein, schon gut«, antwortete Jonte. »War nicht so gemeint.«

100

Die Traumwichtel brauchten fast die ganze Nacht, um alle Träume loszu-
werden. Als keine weitere Adresse mehr auf der Liste stand, blickte Jonte in
seinen Fahrradkorb. »Komisch«, sagte er. »Ich habe noch ein Säckchen.«

»Ich auch«, sagte Jula. »Haben wir irgendwen vergessen?«

»Das kann nicht sein«, erwiderte Jonte. »Vielleicht hätte irgendjemand zwei
Träume bekommen sollen? Aber das hätte der Professor doch auf der Liste
vermerkt, oder?«

Jula gähnte herzhaft. »Ich habe eine Idee. Wir nehmen uns jeder ein Säckchen mit nach Hause. Dann können wir mal sehen, wie das ist, einen unserer Träume zu träumen.«

Jonte strahlte. »Au ja! Dann aber schnell ins Bett, sonst ist nicht mehr viel
übrig von der Nacht.«

Er sauste auf seinem Fahrrad nach Hause. Und hoffte, dass sich in seinem
Säckchen der rosafarbene Traum mit den zwei Mäuschen, dem Cowboyhut, dem Weltall und dem Schaukelstuhl befand. So ein Quatschtraum war
nämlich genau nach seinem Geschmack.

Ferien auf dem Bauernhof

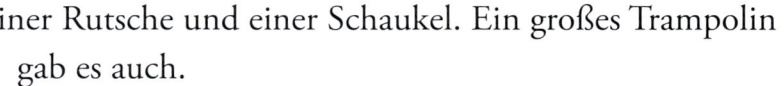

»Herzlich willkommen auf unserem Bauernhof«, rief Bauer Toni, als Frida und Fritz mit ihren Eltern aus dem Auto stiegen. Frida hatte die Hoffnung schon aufgegeben, jemals anzukommen, denn die Fahrt in die Berge hatte ewig gedauert. Doch jetzt waren der Stau, die Hitze im Auto und der Streit mit Fritz vergessen.

Tonis Frau Lisa kam mit einem Tablett aus dem Haus. »Selbst gemachter Apfelsaft für unsere Gäste«, sagte sie freudestrahlend. »Eine kleine Stärkung tut euch sicher gut!«

Frida griff sich ein Glas und leerte es in einem Zug. So einen leckeren Apfelsaft hatte sie noch nie getrunken!

»Eigene Ernte«, sagte Toni stolz und deutete auf eine große Wiese mit Obstbäumen. Daneben befand sich ein kleiner Spielplatz mit einem Kletterturm, einer Rutsche und einer Schaukel. Ein großes Trampolin gab es auch.

»Wenn ihr wollt, könnt ihr euch erst mal eine Runde

austoben«, meinte Papa, und Frida und Fritz rannten sofort los. Hinter ihnen erklang ein aufgeregtes Bellen.

»Das ist unser Hofhund Bobby«, rief Toni. »Er freut sich über neue Spielkameraden.«

Während Fritz gleich auf den Holzturm kletterte, kraulte Frida Bobby hinter den Ohren. »Hast du Lust, mir deinen Hof zu zeigen?«

Bobby kläffte, was Frida als Ja deutete. »Na los!«, sagte sie, und Bobby lief hechelnd voran. An die Wiese grenzte eine Weide, auf der fünf Ponys standen und grasten.

»Ponys!«, rief Frida begeistert. »Meine Lieblingstiere!«

Von der Weide führte ein schmaler Weg zurück zum Hof, auf dem überall Hühner herumliefen und gackerten. Bobby kläffte, als wollte er ihnen von der Ankunft der neuen Gäste erzählen, doch das schien die Hühner nicht zu interessieren. Auf der Bank lag eine dicke graue Katze und schlief.

Papa trug gerade einen Koffer in die Ferienwohnung, die genau an das Bauernhaus von Toni und Lisa grenzte. »Na, wie gefällt es dir?«, fragte er Frida im Vorbeigehen.

»Ich glaube, das wird ein super Urlaub«, antwortete sie strahlend.

Am nächsten Morgen wurde Frida früh wach. Als sie aus dem Fenster auf den Hof blickte, sah sie, dass Toni und Lisa schon auf den Beinen waren. Sie zog sich an und schlich nach

draußen, denn die Bauern hatten gesagt, sie könnten jederzeit zuschauen und helfen.

»Guten Morgen«, rief Toni, als Frida den Kuhstall betrat. Bobby kam schwanzwedelnd auf sie zugelaufen und sprang an ihr hoch.

Puh, das war aber ein Gestank. Frida rümpfte die Nase.

»So riecht das nun mal auf dem Bauernhof«, meinte Toni mit einem Augenzwinkern und setzte die Melkmaschine an das Euter einer Kuh. »Und an deiner Stelle würde ich mir andere Schuhe anziehen. Dahinten stehen Gummistiefel, die könnten dir passen.«

Frida blickte auf ihre rosafarbenen Sandalen und dachte, dass Toni wahrscheinlich recht hatte. »Kann ich irgendwas helfen?«, fragte sie.

»Du kannst den Stall ausmisten.« Toni lachte, als er Fridas entsetztes Gesicht sah. »Nein, kleiner Scherz. Du sollst ja Freude an der Bauernhofarbeit haben. Wenn du magst, kannst du in den Hühnerstall gehen und die Eier einsammeln. Du darfst deiner Familie auch welche zum Frühstück mitnehmen.«

Während sich Frida mit einem kleinen Körbchen in der Hand im Hühnerstall umsah, hörte sie plötzlich Lisas aufgebrachte Stimme: »Das gibt es doch nicht! Er ist schon wieder weg!«

Frida ließ das Körbchen stehen und rannte aus dem Stall. »Wer ist weg?«, wollte sie wissen.

»Bolle, unser Pony. Hilfst du mir beim Suchen?«

Wie konnte es denn sein, dass ein Pony einfach so verschwand? »Hoffentlich ist ihm nichts passiert«, sagte Frida besorgt.

Lisa schüttelte den Kopf. »Das glaube ich nicht. Ich habe schon eine Vermutung, wo er steckt.«

Frida folgte der Bäuerin am Spielplatz vorbei über die Obstbaumwiese bis hin zur schmalen Straße, die zum Bauernhof führte und die Frida mit ihrer

Familie gestern gekommen war. »Reißt Bolle
häufiger aus?«, wollte Frida wissen.
»Erst seit Kurzem«, erklärte Lisa und
deutete auf einen Hof, der ein paar
Hundert Meter entfernt lag. »Seit es
auf dem Michaelshof eine kleine
Ponystute gibt.«

»Du meinst, Bolle ist verliebt?« Frida
kicherte.
»Kann man so sagen«, meinte Lisa.
»Schau mal dahinten, da steht er
doch.«
Je näher sie dem Michaelshof kamen,
desto deutlicher erkannte Frida ein kleines Pony, das vor einer Stalltür mit dem
Vorderhuf scharrte.
»Booooolle!«, rief Lisa und schnalzte
mit der Zunge. »Komm her!«

Doch Bolle kümmerte Lisas Rufen nicht. Stattdessen rieb er jetzt seinen Kopf an der verschlossenen Stalltür.

Als Lisa und Frida den Hof betraten, fuhr ein Bauer mit seinem Trecker an ihnen vorbei. »Na, wollt ihr euren Ausreißer wiederholen?«, fragte er durch das offene Fenster. »Vielleicht klappt es ja hiermit.« Er warf drei schrumpelige Äpfel herunter.

Lisa bedankte sich. Dann schnalzte sie wieder mit der Zunge und hielt einen Apfel auf der ausgestreckten Hand. Die anderen beiden hatte sie Frida gegeben. So näherten sie sich Bolle. Der war offensichtlich nicht nur verliebt, sondern auch verfressen, denn als er die Äpfel sah, kam er auf Lisa und Frida zugelaufen.

Frida spürte ein lustiges Kitzeln, als er sich mit seinem weichen Maul die Äpfel aus ihrer Hand schnappte.

Lisa hielt Bolle am Halfter fest. »Hast du Lust, den Weg zurückzureiten?« Frida nickte begeistert, und Lisa half ihr hoch.

»Aber nicht, dass du gleich wieder zurück zum Michaelshof rennst«, ermahnte Frida das Pony. Doch es lief brav neben Lisa her, und so hatten sie ihren Bauernhof bald wieder erreicht.

Fritz war in der Zwischenzeit mit dem Eiersuchen im Hühnerstall fertig geworden, und Mama hatte bereits den Frühstückstisch gedeckt.

Den restlichen Tag verbrachten Frida und Fritz auf dem Spielplatz oder bei Toni und Lisa im Stall, während Mama und Papa auf den Liegestühlen lagen, die Toni unter den Apfelbäumen aufgebaut hatte.

Als die Dämmerung hereinbrach, rief Toni die ganze Familie zusammen.

»Wenn ihr Lust habt, dürft ihr heute Nacht auf unserem Heuboden schlafen«, verkündete er. »Das ist saugemütlich, kann ich euch versichern.«

»Bitte, bitte!«, rief Fritz. »Davon habe ich schon immer geträumt.«

»Na, wenn das so ist, dann können wir wohl schlecht Nein sagen«, antwortete Mama lächelnd.

»Sehr schön«, meinte Toni. »Dann bereite ich mal alles vor. Ihr müsst nur eure Kissen und Decken mitbringen. Und natürlich ein Kuscheltier, falls ihr das braucht.«

Kurz darauf lagen Mama, Papa, Frida und Fritz in ihren Heubetten. Toni hatte zwei Nachtlichter aufgestellt, damit sie sich hier oben zurechtfanden.

»Das pikst ganz schön«, sagte Mama.

»Und mich hat gerade etwas am Ohr gekitzelt«, sagte Papa.

Frida fand es eigentlich ganz gemütlich. Sie kuschelte sich in ihre Decke und dachte an ihren kleinen Ausritt mit Bolle. Dann schlief sie ein.

Sie wurde wach, weil Fritz sie in den Arm kniff.

»Was soll das denn?«, zischte sie. Es war stockdunkel, lediglich die Nachtlichter spendeten ein kleines bisschen Helligkeit. »Es ist doch noch mitten in der Nacht!«

»Aber ich habe Geräusche gehört«, jammerte Fritz.

»Na und? Wir sind hier auf einem Bauernhof!«

Doch dann hörte Frida es auch. Das Geräusch war ein Rascheln, und es kam irgendwo aus der Nähe.

»Wahrscheinlich Mäuse«, versuchte sie ihren Bruder zu beruhigen.

»Soll ich Papa wecken?«, fragte Fritz leise.

»Nein«, sagte Frida entschlossen. »Wir sehen selbst nach.«

Sie schlug die Decke zurück und nahm eines der Nachtlichter. Dann schlichen sie vorsichtig in die Richtung, aus der das Rascheln gekommen war.

Frida leuchtete mit dem Licht umher, bis sie schließlich einen dunklen Fleck im Heu entdeckte. Sie trat näher, und als sie erkannte, was da im Heu lag, breitete sich ein Lächeln auf ihrem Gesicht aus.

»Eine Katze mit ihren Jungen«, entfuhr es Fritz eine Spur zu laut. Mama schreckte aus dem Schlaf hoch und sah sich suchend um. »Was macht ihr denn da?«, fragte sie.

»Katzenbabys«, flüsterte Frida. »So etwas Süßes habe ich noch nie gesehen.«

»Legt euch wieder hin«, sagte Mama. »Morgen früh schauen wir uns die Katzenkinder dann ganz genau an.«

Doch Frida lag noch eine ganze Weile wach. Und malte sich aus, dass sie eines dieser Kätzchen vielleicht mit nach Hause nehmen durfte …

Der Gespensterkindergarten

»Lulu, es ist kurz vor Mitternacht«, sagte die Gespenstermama. »Papa und ich müssen gleich zur Arbeit. Wenn wir dich vorher noch zum Gespensterkindergarten bringen sollen, musst du dich ein bisschen beeilen.«

»Jaaa, ich komme ja schon«, murrte Lulu und hängte sich schnell ihre Lieblingsrasselkette um den Hals. »Wo arbeitet ihr denn heute?«

»Der Direktor vom Burghotel hat uns mal wieder einbestellt«, erklärte der Gespensterpapa. »Wir sollen ein paar Gäste erschrecken. Eine unserer leichtesten Übungen.«

»Kann ich nicht mitkommen?«, fragte Lulu bettelnd. »Ich möchte auch mal so richtig rumspuken.«

Die Gespenstermama schwebte auf Lulu zu und reichte ihr die Kindergartentasche. »Du bist doch erst 129 Jahre alt«, sagte sie. »Viel zu jung! Wenn du die Spukübungen im Kindergarten gut meisterst und dann in die Schule kommst, nehmen wir dich auch mal mit. Versprochen.«

»Na gut«, sagte Lulu. »Und wann holt ihr mich heute ab?«

»Wahrscheinlich gegen vier Uhr morgens«, antwortete Papa. »Im Burghotel soll eine Party stattfinden, da gehen die Leute immer spät ins Bett. Wir haben viel zu tun.«

Gemeinsam schwebten sie durch das Dachbodenfenster in die sternklare

Nacht hinaus zum Gespensterkindergarten. Auf dem Weg trafen sie ein paar Fledermauskinder, die fröhlich kreischend um die Wette flogen. Doch als eines von ihnen Lulu entdeckte, warnte es seine Freunde und flatterte schnell in eine andere Richtung.

Der Gespensterkindergarten befand sich auf dem großen Dachboden einer Grundschule. Wenn es morgens zum Unterricht läutete, lagen die Gespensterkinder schon wieder zu Hause in ihren Betten und schliefen. Nur manchmal war noch ein Rumpeln und Knarzen auf dem Dachboden zu hören, wenn die Erzieherinnen Grusella und Schuhuja aufräumten.

»Ah, das Dachbodenfenster steht offen«, stellte der Gespensterpapa fest.

»Fliegst du allein rein, oder sollen wir noch mitkommen?«

Als Lulu ihre beste Freundin Mimi am Fenster sah, schüttelte sie den Kopf. »Ihr könnt ruhig weiterfliegen.« Sie warf ihren Eltern einen Luftkuss zu und schlüpfte durch das Fenster zu Mimi.

»Hallo, Lulu«, rief Mimi. »Wollen wir gruselige Bilder malen?«

Sie flog schnell zum Maltisch und schnappte sich ihre Lieblingsfarbe Grau. »Von Dunkelgrau bekommt man richtig gute Laune, findest du nicht?«

Lulu nickte und malte dicke schwarze Wolken und Regentropfen auf ihr Blatt.

»Wir treffen uns zum Morgenkreis«, rief Grusella und schwebte eine Runde durch den Raum.

Als alle Gespensterkinder auf ihren Stühlen saßen, sangen sie ihr schaurigschönes Begrüßungslied.

»Heute wollen wir das Spuken üben«, erklärte Schuhuja im Anschluss.

»Zum Aufwärmen spielen wir hier auf unserem Dachboden erst mal eine Runde Verstecken und Erschrecken. Ihr bildet am besten Vierergruppen – drei verstecken sich, und einer sucht. Und wenn wir damit fertig sind, machen wir einen Ausflug in die Nacht. Wir verstecken uns hinter Bäumen und erschrecken den einen oder anderen Spaziergänger, der um diese Zeit noch unterwegs ist.«

Die Gespensterkinder begannen zu jubeln und aufgeregt durcheinanderzureden. »Das beste Geräusch zum Erschrecken ist Wuähhhhh«, jaulte Fredo und zog eine schreckliche Fratze.

»Meine Eltern machen nur Buh!«, berichtete Ulla. »Das ist kurz und knapp und wirkt immer.«

»Es gibt viele Arten, jemanden zu erschrecken«, erklärte Grusella. »Wir können sie alle ausprobieren. Also, fliegt los und versteckt euch.«

Lulu war mit Mimi, Ulla und Wuseline in einer Gruppe und als Erste dran mit Suchen. Sie zählte mit geschlossenen Augen bis zehn und flog los. Aus der alten Wanduhr war ein Kichern zu hören, und Lulu schwebte vorsichtig heran. Und obwohl sie wusste, dass dort in der Uhr jemand lauerte, erschrak sie so sehr vor Ullas und Wuselines Geheul, dass sie laut aufschrie.

»Ihr seid richtig schön gruselig«, sagte sie zu den beiden. »Jetzt muss ich nur noch Mimi finden.«

Lulu flog den ganzen Raum ab. Sie sah unter dem Maltisch nach, in der Gespensterpuppenecke und im Spielschloss. Wo steckte ihre Freundin nur? Lulu schwebte weiter, als plötzlich der Lampenschirm verdächtig hin und her zu schaukeln begann. »Hier bin ich«, kreischte Mimi, doch es war nichts von ihr zu sehen.

Lulu flog zur Lampe und lugte hinein.

»Ich stecke fest«, jammerte Mimi.

»Es ist einfach viel zu eng hier.«

Lulu lachte. »So hat aber keiner Angst vor dir.«

Mimis Mundwinkel wanderten nach unten. »Ich bin einfach nicht gruselig genug«, sagte sie traurig. »Und erschrecken kann ich auch niemanden.«

»Aber im Versteckfinden bist du unschlagbar«, versuchte Lulu sie zu trösten und zog sie aus der Lampe heraus. »Und die meisten Menschen laufen doch schon schreiend weg, wenn sie ein Gespenst nur sehen. Die muss man gar nicht mehr groß erschrecken.«

Grusella und Schuhuja hatten inzwischen die beiden Dachfenster geöffnet. »So, wir wollen los! Bitte schwebt in Zweierreihen. Und passt auf, dass ihr niemandem in den Weg fliegt!«

Der Mond schien hell am Himmel, und Lulu war ganz aufgeregt. Es war inzwischen zwei Uhr nachts, und sie hoffte, dass überhaupt noch jemand unterwegs war, den sie erschrecken konnten. »Können wir nicht irgendwelche schlafenden Leute ärgern?«, fragte sie Schuhuja. »Wir könnten sie an den Nasen kitzeln, und dann würden sie vor Schreck hochfahren!«

»Das ist nur etwas für erfahrene Gespenster«, erklärte Schuhuja. »Wir müssen erst mal üben, uns in der Dunkelheit zurechtzufinden, die Himmelsverkehrsregeln einzuhalten und in einer Gruppe zusammenzubleiben.«

Als alle Gespensterkinder draußen waren, flogen sie los. Grusella schwebte voran, und Schuhuja bildete das Schlusslicht. »Vorsicht!«, rief Grusella nach ein paar Metern. »Eine Gruppe Fledermäuse. Wir warten, bis sie vorübergeflogen sind.«

Lulu und Mimi waren die letzte Zweiergruppe in der Reihe. »Beeilt euch ein bisschen«, mahnte Schuhuja und schob Mimi an. »Wir dürfen den Anschluss an die Gruppe nicht verlieren.« Die Gespenstermädchen flogen ein bisschen schneller und bemerkten irgendwann, dass Schuhuja gar nicht mehr hinter ihnen war. Lulu drehte sich suchend um. Dann grinste sie. »Ach, die quatscht mit einem hübschen Gespenstertypen. Vielleicht ist sie ja in den verliebt.«

Auch Mimi drehte sich um. Sie flatterten einen Moment auf der Stelle, um Schuhuja zu beobachten, die lachend ihren Kopf zurückwarf. »Sollen wir auf sie warten?«, fragte Lulu. »Oder lieber schnell den anderen hinterherfliegen?«

»Komm, wir fliegen weiter«, sagte Mimi. Vor ihnen lag jetzt der Stadtpark, und von den anderen war nichts mehr zu sehen. »Die lauern bestimmt

irgendwo
hinter den
Bäumen«,
überlegte
Lulu. »Um uns
zu erschrecken.
Los, wir sehen mal
nach.«

Sie schwebten zwischen
den Bäumen umher und
riefen nach den anderen.
»Grusella, Ulla, Fredo, wo
seid ihr?« Doch niemand ließ
sich blicken.

»Die wollen uns herein-
legen«, sagte Mimi. »Gleich
kommen sie raus und jagen
uns einen Riesenschre-
cken ein.«

Als Lulu und Mimi
den Stadtpark
durchquert hatten,

waren die anderen immer noch wie vom Erdboden verschluckt. »Dann warten wir hier auf Schuhuja«, sagte Lulu. »Die muss ja auch gleich herkommen.«

Sie warteten und warteten und warteten. Keine Spur von Schuhuja. »So ein Gruselmist«, fluchte Mimi. »Was machen wir denn jetzt?«

»Am besten fliegen wir zurück zum Kindergarten«, meinte Lulu. Sie hatte ein mulmiges Gefühl im Bauch, denn sie hatte auf dem Weg hierher so viel mit Mimi geredet, dass sie gar nicht auf den Weg geachtet hatte. »Weißt du, wo es langgeht?«, fragte sie Mimi.

»Keine Ahnung, da vielleicht?« Mimi deutete auf irgendeinen Punkt zwischen den Bäumen.

»Am besten fragen wir jemanden. In der Innenstadt ist bestimmt noch etwas los.«

Sie schwebten zum Rathausplatz, wo drei Männer auf einer Bank saßen und Pommes aßen. »Unsere Rettung!«, rief Mimi und flog auf die Männer zu. Doch bevor sie etwas sagen konnte, rissen die Männer ihre Augen auf und liefen schreiend davon.

»Das war wohl nichts«, sagte Mimi.

»Wenigstens hast du gesehen, wie gruselig du bist«, meinte Lulu grinsend.

»Stimmt. Aber jetzt wissen wir immer noch nicht, wie wir zum Kindergarten zurückkommen.«

Lulu ließ ihren Blick schweifen, als ihr plötzlich ein Schild ins Auge fiel. Eine große Burg war darauf zu sehen.

»Wir sind gerettet«, rief sie. »Meine Eltern spuken heute im Burghotel. Die können uns helfen.«

Erleichtert folgten sie dem Wegweiser, bis sie das Hotel erreicht hatten.

»Was macht ihr denn hier?«, fragte Lulus Papa, der gerade aus einem offenen Fenster geschwebt kam.

»Wir wollten eigentlich einen Spukausflug machen«, erzählte Lulu »Aber wir haben die anderen verloren, und jetzt finden wir nicht mehr zurück.«

»Mama und ich sind hier gleich fertig, dann bringen wir euch zurück, einverstanden?«

Mimi und Lulu nickten. Beim nächsten Spukausflug würden sie besser aufpassen. Aber jetzt konnten sie sich erst mal jede Menge Tricks von zwei sehr erfahrenen Gespenstern abgucken. Da würden Ulla, Fredo und die anderen sicher staunen.

Der Freund am Fenster

»Schlaf gut und träum etwas Schönes.« Mama streichelte Fjodor über den Kopf.

»Mach ich«, sagte Fjodor und schloss die Augen. Mama sollte glauben, dass er richtig müde war. Sie drückte ihm einen Kuss auf die Wange und verschwand aus dem Zimmer.

Fjodor wartete noch einen Augenblick, bis er den Fernseher im Wohnzimmer hörte, dann stand er auf, schlich leise zum Fenster und zog die Jalousie nach oben. Er legte sich ein kleines Kissen in die Fensterbank und setzte sich darauf.

Fjodor und seine Mutter lebten im sechsten Stock eines Hochhauses. Und von seinem Platz auf der Fensterbank hatte Fjodor den perfekten Blick auf das Hochhaus gegenüber. Er liebte es, in die Fenster auf der anderen Seite zu schauen, und das Beste war, dass ihn in der Dunkelheit niemand sah. Er dagegen konnte zusehen, wie das alte Ehepaar im dritten Stock links gerade Abendbrot aß, wie der junge Mann in der Wohnung daneben sich gerade ein Bier aus dem Kühlschrank holte und im vierten Stock in jeder Wohnung der Fernseher lief. Fjodor hatte noch nie etwas wirklich Spannendes beobachtet, also einen schlimmen Streit oder dass jemand versuchte einzubrechen. Aber eines Abends hatte er einen anderen Jungen entdeckt. Zuerst hatte Fjodor ihm nur beim Spielen auf dem Teppich zugesehen; mal

hatte er Autos aufgebaut, mal eine Ritterburg. Irgendwann hatte sich der Junge ebenfalls ans Fenster gestellt und auf das Haus geschaut, in dem Fjodor lebte. Doch der Junge hatte nicht einfach nur geschaut, er hatte schließlich mit einer Taschenlampe Leuchtzeichen gemacht. Jeden Abend. Und irgendwann hatte Fjodor seine eigene Taschenlampe gesucht und auf die Leuchtzeichen geantwortet. Fjodor wusste weder, wie der Junge gegenüber hieß, noch hatte er ihn jemals tagsüber auf der Straße gesehen. Er war einfach sein Freund am Fenster.

Als Fjodor heute mit den Leuchtzeichen begann, kam nichts zurück. Er versuchte es wieder und wieder, vielleicht hatte ihn der Junge ja nicht gesehen. Das Fenster auf der anderen Seite blieb dunkel.

Vielleicht ist er verreist?, überlegte Fjodor. Doch im Nachbarzimmer, das ebenfalls zu der Wohnung gehören musste, brannte Licht. Na ja, dachte Fjodor, vielleicht ist er morgen wieder da. Er wünschte seinen Nachbarn leise eine gute Nacht und legte sich wieder ins Bett.

Am nächsten Abend saß Fjodor erneut am Fenster. Von seinem Freund war nichts zu sehen. Auch am übernächsten und am überübernächsten Abend nicht. Als Fjodor ihn schon fast eine ganze Woche vermisste, fragte er seinen Papa beim Frühstück: »Darf ich ins Nachbar-

haus rübergehen?«

Er machte sich Sorgen und wollte wissen, was mit dem Jungen los war.

»Warum das denn?«, fragte Papa. »Kennst du da jemanden?«

Fjodor konnte ihm ja schlecht erzählen, dass er jeden Abend stundenlang aus dem Fenster guckte, anstatt zu schlafen, und seit einiger Zeit einen Freund hatte, dessen Namen er nicht kannte. Deshalb dachte er sich eine kleine Notlüge aus. »Ja, ein Junge aus dem Kindergarten wohnt dort, und ich würde gerne mit ihm spielen.«

»Ich komme mit«, antwortete Papa. »Ich möchte diesen Jungen und seine Eltern erst mal kennenlernen.«

So hatte Fjodor sich das eigentlich nicht vorgestellt. Aber wenn er wissen wollte, warum der Junge nicht mehr am Fenster stand, musste er wohl mit seinem Papa gehen.

»Wie heißt denn die Familie?«, fragte Papa, als sie vor dem Haus standen.

Das wusste Fjodor natürlich nicht, aber er wusste ganz genau, welche Klingel zu der Wohnung gehörte.

»Du musst da oben klingeln«, sagte er und zeigte auf einen Knopf.

Papa klingelte, und der Türöffner wurde betätigt. »Wir müssen in den fünften Stock«, erklärte Fjodor.

Sie fuhren mit dem Aufzug nach oben, wo eine freundlich aussehende Frau mit blonden Haaren in der Tür stand. »Hallo«, begrüßte sie Fjodor und seinen Papa. »Kommst du, um Lasse zu besuchen? Das ist ja lieb von dir.«

»Äh, genau«, sagte Fjodor. Lasse hieß der Junge also. Und er schien zu Hause zu sein. Fjodor war erleichtert. Seinem Freund war also nichts zugestoßen.

»Die beiden kennen sich aus dem Kindergarten«, erklärte Papa.

»Das ist ja interessant«, sagte die blonde Frau, und Fjodor sah, dass sie Papa zuzwinkerte.

Sie zeigte auf eine Tür, hinter der wahrscheinlich Lasses Zimmer lag.

»Komm ihm aber besser nicht zu nahe. Er hat eine schlimme Grippe.«

Vorsichtig öffnete Fjodor die Tür und lugte durch den Spalt in das Zimmer.

»Hallo?«, sagte Fjodor. »Ich bin der Junge vom Fenster gegenüber.«

Lasse schien überrascht. Dann sagte er: »Komm rein. Ich bin so schlapp, dass ich nur im Bett liegen kann.«

»Ich habe mir Sorgen gemacht«, erklärte Fjodor. »Weil ich dich so lange nicht gesehen habe.«

Lasse setzte sich in seinem Bett auf. »Dann hat das Kranksein ja wenigstens etwas Gutes«, meinte er. »Sonst hätte ich dich wahrscheinlich nie kennengelernt.«

»Wenn du wieder gesund bist, können wir uns ja mal zum Spielen treffen«, schlug Fjodor vor.

»Aber unsere Blinkzeichen machen wir trotzdem noch, okay?«, sagte Lasse. Fjodor nickte. »Am besten gleich heute Abend. Ich mache viermal kurz, zweimal lang. Das heißt ›Gute Besserung‹!«

Katja Richert wuchs in einem kleinen Dorf in Niedersachsen auf und unterhielt schon früh Familie, Freunde und die ganze Nachbarschaft mit ihren (nicht immer wahren) Geschichten. Später zog es sie in verschiedene Städte, wo sie zunächst Diplom-Pädagogik studierte und dann als Lektorin arbeitete. Doch irgendwann spukten so viele Ideen in ihrem Kopf herum, dass sie beschloss, selbst Autorin zu werden. Heute lebt sie mit ihrer Familie wieder in dem kleinen Dorf, wo alles begann.

Lisa Hänsch (1988) studierte Design und Illustration an der Fachhochschule Münster. Nach ihrem Studium zog sie nach Köln, um beim Trickfilm zu arbeiten. Am liebsten zeichnet sie heimlich Menschen am Bahnhof und in der U-Bahn. Seit 2009 ist das sogar ihr Beruf! Naja, fast: Sie sitzt an ihrem Schreibtisch und zeichnet Menschen, Tiere, Fantasiewesen und noch viel mehr für Kinder- und Jugendbücher. Das macht mindestens genauso viel Spaß. Mit ihrem Freund und ihrem Hund wohnt Lisa Hänsch auf einem ehemaligen Bauernhof zwischen Köln und Bonn.

Vorlesen macht glücklich!
Für jede Gelegenheit die richtige Geschichte

ISBN 978-3-7707-2953-1
Ab 3 Jahren

ISBN 978-3-7707-2822-0
Ab 5 Jahren

ISBN 978-3-7707-2919-7
Ab 3 Jahren

ISBN 978-3-7707-4021-5
Ab 4 Jahren

ISBN 978-3-7707-2647-9
Ab 4 Jahren

ISBN 978-3-7707-2468-0
Ab 3 Jahren

ISBN 978-3-7707-2501-4
Ab 4 Jahren

Weitere Informationen unter **www.ellermann.de**

ellermann
DER VORLESEVERLAG

Mit dem Vorleseglücksrad
hast du den Dreh raus!

Liest du mir was vor? – Mit Vorleseglücksrad
Einband und illustrationen von Barbara Korthues
Ab 4 Jahren · 128 Seiten · ISBN 978-3-7707-4296-7

20 Lieblingsgeschichten mit Vorleseglücksrad: Einfach den beweglichen Zeiger auf dem Buchcover anschnipsen, das kleine Bild im Inhaltsverzeichnis suchen und die entsprechende Geschichte vorlesen. Wilde Piraten, mutige Ritter, kluge Prinzessinnen und gute Freunde nehmen euch mit auf den Spielplatz, in den Kindergarten und auf das Fußballfeld. Was für ein Vorlesevergnügen!

Weitere Informationen unter **www.ellermann.de**